Praxisratgeber Klassikerkauf

Mercedes-Benz
S-Klasse (W 126)
Alle Modelle von 1979 bis 1991

HEEL

HEEL Verlag GmbH
Gut Pottscheidt
53639 Königswinter
Telefon 0 22 23 / 92 30-0
Telefax 0 22 23 / 92 30-13
Mail: info@heel-verlag.de
Internet: www.heel-verlag.de

© 2016 HEEL Verlag GmbH, Königswinter

Alle Rechte, auch die des Nachdrucks, der Wiedergabe in jeder Form und der Übersetzung in andere Sprachen, behält sich der Herausgeber vor. Es ist ohne schriftliche Genehmigung des Verlages nicht erlaubt, das Buch und Teile daraus auf fotomechanischem Weg zu vervielfältigen oder unter Verwendung elektronischer bzw. mechanischer Systeme zu speichern, systematisch auszuwerten oder zu verbreiten. Ebenso untersagt ist die Erfassung und Nutzung auf Netzwerken, inklusive Internet, oder die Verbreitung des Werkes auf Portalen wie Googlebooks.

Alle Angaben ohne Gewähr!

Verantwortlich für den Inhalt: Tobias Zoporowski

Lektorat: Jost Neßhöver

Satz und Gestaltung: Ralph Handmann

Titelbild: Jörg Hajt

Druck und Verarbeitung: D + L Reichenberg GmbH, Bocholt

Printed in Germany

ISBN: 978-3-95843-313-7

Inhalt

Einleitung – Zum Zweck dieses Buches	4
1 Der richtige Wagen?	6
2 Kosten – erschwinglich oder nicht?	9
3 Leben mit dem W 126	11
4 Relative Werte	12
5 Vor der ersten Inaugenscheinnahme	17
6 Inspektionsausrüstung	20
7 15-Minuten-Prüfung – Lohnt sich eine genauere Inspektion?	22
8 Die wichtigsten Problemzonen	27
9 Realistische Bewertung	29
10 Auktionen – ein anderer Weg zum Traumwagen	43
11 Papiere für eine vollständige Dokumentation	45
12 Wie viel ist „er" wert?	47
13 Restaurieren – ja oder nein?	51
14 Lackprobleme	53
15 Konditionsprobleme	55
16 Wichtige Adressen und Ansprechpartner	58
17 Daten und Fakten	60

Einleitung – Zum Zweck dieses Buches

W 126 – Der König der Sterne

Schon der Vorgänger der Baureihe 126, der noch stark chrombehangene W 116, schmückte sich mit dem Titel „bestes Auto der Welt" – verliehen immerhin von der Fachpresse und zahlreichen Automobilexperten jener Jahre und kaum je in Frage gestellt. Da Fortschritt im besten Fall eine Einbahnstraße ist, sollte der 1979 vorgestellte 126er den Staffelstab nach dem Wunsch seiner Konstrukteure weitertragen. Was er auch tat. Für viele Fans ist der „Wagen 126" auch heute noch die beste und vor allem eleganteste und stilsicherste S-Klasse, die Mercedes-Benz je auf die Räder stellte. Würdevoll, aber nicht arrogant. Staatstragend mächtig, aber niemals aufdringlich. Das ungemein stimmige und in sich ruhende Karosseriedesign, das Jahrzehnte überdauerte, ohne je altmodisch zu wirken, verantwortete niemand geringerer als der Chefstilist des Hauses, Bruno Sacco, den manche den „Meister der Zeitlosigkeit" nennen.

Natürlich war es aber nicht nur das ausgesprochen haltbare Design, das den Erfolg des großen Sternenkreuzers aus Sindelfingen ausmachte. Das Topmodell, also neuerdings die S-Klasse, war immer schon der Technologieträger des Hauses gewesen, und für die Baureihe 126 traf das insofern ganz besonders zu, als dass hier erstmals Elektronik in nennenswertem Umfang Einzug hielt. Assistenzsysteme wie Pyrotechnische Gurtstraffer, Fahrer- (1981) und Beifahrerairbag (1987) nebst Antiblockiersystem (ABS) und Antriebsschlupfregelung (ASR) waren Anfang der Achtziger so neu wie kostspielig und erst deutlich später auch in den „kleineren" Baureihen des Hauses verfügbar.

**Im Uhrzeigersinn: Frühe 126er erkennt man an der Riffelstruktur ihrer Seitenbeplankung. Sie haben ihren ganz eigenen Reiz. Auf 14-Zoll-Rädern und ohne rechten Außenspiegel wirkt der stattliche Wagen berückend bürgerlich.
Bild: Mercedes-Benz AG**

**Der Schöpfer und sein Werk: Chefstilist Bruno Sacco am Modell des C 126. Das majestätische Coupé gilt vielen Fans als sein größter Wurf.
Bild: Mercedes-Benz AG**

Anfang der Achtziger war man noch mutig: An einer S-Klasse in knalligem Gelb nahm niemand Anstoß. Bild: Mercedes-Benz AG

Technik, die heute so selbstverständlich in jedes Fahrzeug gehört wie die vier Räder darunter, war damals vor allem in Hinblick auf ihre Langzeithaltbarkeit kaum einzuschätzen. Mercedes-Benz selbst empfahl anfangs den Austausch der Airbageinheiten nach 10 bis 15 Jahren. Aus Sicherheitsgründen. Später wurde die Empfehlung offiziell aufgehoben, dem Autor sind keine Fahrzeuge bekannt, bei denen die ab Werk verbauten „Schutzsäcke" jemals ohne besonderen Anlass ersetzt wurden. Defekte an ABS- und ASR-Steuergeräten kommen im Alter vor, aber nicht in signifikanter Häufung.

Insofern vereint die S-Klasse nach Ansicht vieler Fans genau die Faktoren, die jeden Mercedes-Benz seit jeher zum Klassiker haben reifen lassen: Design „in Rufweite hinter der Mode", Fahrsicherheit und Komfort auf der Höhe der Zeit und exzellente Verarbeitungsqualität, die viele Jahre lang „einfach funktioniert". So ist man mit einem gepflegten W 126 auch heute noch gut angezogen – egal, ob man ihn vor dem Hotel „Vier Jahreszeiten" in Hamburg oder auf einem x-beliebigen Discounter-Parkplatz abstellt.

Die Auswahl an Motoren, Lackierungen und Ausstattungen ist auch 24 Jahre nach Bauzeitende üppig, angemessen kultiviert laufen die Benziner alle. Das Coupé ist ausschließlich mit Achtzylindermotoren zu haben, der einzige – nur für den Nordamerika-Exportmarkt angebotene – Diesel („300 SDL") kein wirklich standesgemäßer Antrieb. Wer auf Exoten steht und die horrenden Unterhaltskosten nicht scheut (Steuer!), kann aber auch mit einem der raren Exportfahrzeuge glücklich werden.

Bevor Sie sich nun auf die Suche nach „Ihrem" W 126 machen, sollten Sie sich darüber bewusst werden, dass eine S-Klasse niemals wirklich billig ist. Sie war es zu Beginn ihrer Ära nicht und ist es auch heute nicht. Einen W 126 in ordentlichem Zustand zu erwerben und zu erhalten, erfordert gewisse finanzielle Reserven. Hüten Sie sich vor vermeintlichen Schnäppchen aus dem Internet, problemlose 3000-Euro-S-Klassen gibt es schon lange nicht mehr! Studieren Sie diesen Ratgeber gründlich, ziehen Sie Fachliteratur zu Rate und knüpfen Sie Kontakte zur rührigen Clubszene. Mit etwas Geduld steht er dann vielleicht bald in Ihrer Garage – der König der Sterne.

Vision und Wirklichkeit: Auf Basis der Baureihe 126 präsentierte Mercedes-Benz zur IAA 1981 das Forschungsfahrzeug „Auto 2000", das wesentliche Designmerkmale der S-Klasse aufgriff und als Technologieträger etwa für Sicherheitskonzepte diente. So bestand der gesamte Vorderwagen aus einem speziellen von der Bayer AG entwickelten Kunststoff („Soft Nose"). Bild: Mercedes-Benz AG

**„S" fahren in seiner schönsten Form: Das Coupé C 126 ist majestätisch und grazil zugleich. Der Überlieferung nach sollen Bruno Sacco die Kunststoff-Griffschalen unter den Türöffnern missfallen haben, die er als Stilbruch empfand.
Bild: Mercedes-Benz AG**

1 Der richtige Wagen?

Alltagstauglichkeit

Jeder Mercedes der Baureihe W 126 ist auch heute noch – regelmäßige Wartung und Pflege vorausgesetzt – bestens alltagstauglich. Mit einer kleinen Einschränkung: Die Kat-losen Varianten bekommen natürlich allesamt keine grüne Feinstaubplakette und sind somit in vielen Innenstädten nicht mehr willkommen. Da helfen nur H-Zulassung oder Nachrüstung mit einem geregelten Katalysator.

400.000 Kilometer Laufleistung, guter Pflege sei Dank. Ein W 126 ist auch heute voll alltagstauglich. Bild: S. Mantel

Platzangebot

In allen Karosserievarianten des W 126 ist Platz genug für mindestens vier Erwachsene plus Gepäck. Auch groß gewachsene Fahrer werden kein Problem haben. Das Coupé ist ein reiner Viersitzer, für die Limousine gab es die „Coupé-Sitzanlage" gegen Aufpreis.

Bedienbarkeit

Eine Servolenkung sorgt in Verbindung mit dem großen Lenkrad im Schiffssteuerformat für sehr geringe Bedienkräfte. Hat man sich als Mercedes-Neuling einmal an die Fußfeststellbremse gewöhnt, gibt die Bedienung eines W 126 keinerlei Rätsel auf. Alle Kontrollleuchten, Instrumente und Schalter sind selbsterklärend, auch in gut ausgestatteten Modellen gibt es kein Tastenchaos. Was auch der Tatsache zu verdanken ist, dass Mercedes-Benz in der S-Klasse keine „Blindschalter" duldete – die Zahl der Bedienelemente in der Mittelkonsole entsprach exakt der geordneten Ausstattung.

Das schwülstig-rote Leder hat seinen Reiz. Die in der ersten Serie verarbeiteten Tierhäute gelten als besonders haltbar. Bild: S. Mantel

Kofferraum

Die Limousine und das Coupé warten mit sehr großzügigen und gut beleuchteten Ladeabteilen auf. Allerdings gibt es keine Durchlademöglichkeit in den Innenraum.

Die Komfortelektrik (hier: Sitzmemory) will gründlich inspiziert sein. Bild: Mercedes-Benz AG

Platzbedarf/Garage

Ein W 126 ist in seiner „Normalausführung" mit kurzem Radstand bereits ein gut fünf Meter langes Fahrzeug. In die meisten Normgaragen passt das. Die Langversionen messen knapp 5,20 Meter, mit ihnen sollte man schon bis zur vorderen Garagenwand rollen können, damit das Tor problemlos schließt. Mit knapp 1,80 Metern Breite ist ein 126er bemerkenswert schmaler als sein moderner Nachfolger, zumindest die Türen der Limousine sollten sich in einer herkömmlichen Garage ohne Schwierigkeiten öffnen lassen. Mit den langen Portalen des Coupés könnte es schon einmal eng werden.

Abgesehen von der für heutige Verhältnisse hohen Ladekante fasst der Kofferraum problemlos Gepäck für einen ausgedehnten Familienurlaub. Bild: Mercedes-Benz AG

Aus dieser Perspektive wird deutlich, was für eine stattliche Limousine die S-Klasse selbst mit normalem Radstand ist. In die Normgarage passt sie trotzdem. Ein SEL (SE «lang») ist genau 18 Zentimeter länger. Auf den ersten Blick ist das nicht so viel, in manchen Garagen, die etwa in den Sechziger- oder Siebzigerjahren erbaut wurden, kann es für ein Auto von knapp 5,20 Meter Länge aber durchaus eng werden. Bild: S. Mantel

Laufende Kosten

Betriebs- und Unterhaltskosten eines W 126 hängen natürlich stark mit der gewählten Motorisierung zusammen, zudem haben die ganz frühen Exemplare noch keinen Katalysator ab Werk. Bei H-Zulassung ist das aber auch kein Problem. Nichtsdestotrotz sollte man sich stets vor Augen halten, dass eine S-Klasse kein billiges Vergnügen ist. Wer mit MB-Originalteilen wartet und repariert, zahlt entsprechend selbstbewusste Kurse. Die Motoren gelten allesamt nicht als Kostverächter, mit Verbräuchen mindestens im unteren zweistelligen Bereich sollte man rechnen.

Ersatzteile

Heute bestellt, morgen geliefert: Das gilt für jeden Mercedes-Vertragshändler und für im Grunde jedes benötigte Teil. Wesentlich günstiger, aber meistens nicht schlechter, liefert der gut sortierte freie Ersatzteilmarkt. Viele Anbieter haben sich auf die Baureihe spezialisiert, halten gebrauchte und Repro-Neuteile zu fairen Preisen parat. Als erste Adresse gilt das werkseigene Gebrauchtteile-Zentrum (MBGTC), wo es grundüberholten Ersatz mit Garantie gibt. Längst haben sich auch Schrotthändler auf Mercedes-Baureihen spezialisiert.

Versicherung

Eine S-Klasse läuft nicht zum Polo-Tarif! Das sehen auch die Versicherungskonzerne so. Aber: Wer etwa einen 300 SE im Alltag bewegen möchte und in einer günstigen Tarifklasse eingestuft ist, zahlt für den Luxusliner auch nicht mehr als für einen Durchschnitts-Passat. Zudem erkennen viele Versicherer die Baureihe als Klassiker an, wofür dann spezielle Tarife gelten. Doch aufgepasst: Eventuell darf das Fahrzeug dann nicht im Alltag laufen oder Sie müssen Auflagen (Wertgutachten, Kilometerbegrenzung pro Jahr) in Kauf nehmen. Klären Sie das mit Ihrer Versicherung.

Werterhalt

Durch den H-Status für frühe 126er differenziert sich das Angebot gerade: Ordentliche Limousinen, die als „Daily Driver" genutzt werden und hier und da Gebrauchsspuren aufweisen, sind für deutlich unter 10.000 Euro zu bekommen und halten ihren Wert. Die Preise für sehr gut erhaltene und top-ausgestattete Limousinen und Coupés, möglicherweise aus prominentem Vorbesitz, ziehen spürbar an. Geld „verbrennen" kann man bei einer S-Klasse ohne Wartungsstau und mit nachvollziehbarer Historie eigentlich nicht mehr.

Gute Seiten
Kaum ein anderes Fahrzeug dieser Epoche repräsentiert die „Bonner Republik" der Achtziger so wie der Mercedes W 126. Seinerzeit war er das dominierende Auto im Regierungsviertel. Die Mächtigen der Republik fuhren S-Klasse, respektive wurden darin gefahren. Die unerschütterliche Solidität und die blechgewordene, staatstragende Ernsthaftigkeit fahren immer mit. Das Design ist zeitlos, Komfort, Platzangebot und Sicherheit sind nach wie vor zeitgemäß.

Schlechte Seiten
Die Beliebtheit der Baureihe 126 führt dazu, dass viele Blender am Markt sind. Auf verdächtig günstige Preise sollten Sie nicht hereinfallen! Für 3000 Euro gibt es keine problemlose S-Klasse aus erster Hand. Niemals! Die Folgekosten, die ein solches vermeintliches Schnäppchen nach sich zieht, können exorbitant sein.

Alternativen
Wer auf ähnliche Tugenden Wert liegt, wie sie der W 126 bietet, aber weniger Platz und Status benötigt, mag sich dem W 124 zuwenden, der auch schon lange nicht mehr billiger wird. Ernsthaftester S-Klassen-Wettbewerber seiner Zeit ist ansonsten natürlich der BMW der 7er-Reihe. Er galt schon damals als das fahraktivere und dynamischere Fahrzeug – zudem hatten die Bayern mit dem 750i einen waschechten Zwölfzylinder im Angebot! –, ist heute als Klassiker jedoch weniger gesucht und wird auch in gutem Zustand fast schon beschämend günstig offeriert. Audi hatte mit dem 200 oder dem darauf aufbauenden technisch interessanten V8 eher eine Außenseiterrolle und noch nicht den heutigen Premiumstatus erreicht. Wer Exoten mag, sollte sich einmal mit dem Lexus LS 400 beschäftigen.

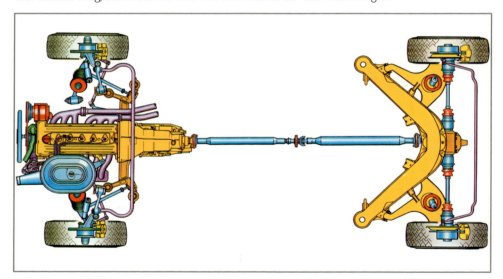

Fahrwerk und Kraftübertragung eines W 126 können je nach Motorisierung und Fahrweise stark belastet sein. Ersatzteilprobleme gibt es nicht. Bild: Mercedes-Benz AG

2 Kosten – erschwinglich oder nicht?

Vorab sei gesagt, dass die Varianten- und Motorenvielfalt der Baureihe 126 kaum pauschale Aussagen über anfallende Kosten zulässt. Ein Modell in spartanischer „Buchhalter"-Ausstattung wird Sie kaum mit Defekten an der (nicht vorhandenen) Komfortelektrik behelligen. Das kann etwa bei einem 560 SEL oder SEC, der meist üppig optioniert wurde, ganz anders aussehen. Wenn ein solches Fahrzeug zudem mit einer hydropneumatischen Federung ausgestattet ist, die im Alter gern undicht wird, können Instandsetzungsarbeiten daran schmerzhaft teuer werden. Zudem schwanken die Kalkulationen – etwa in Sachen Arbeitslohn – auch danach, ob Sie Reparatur und Wartung einer freien Werkstatt oder einem Vertragshändler/einer Niederlassung überantworten. Alle genannten Preise sind Richtwerte und orientieren sich am Typ 300 SE mit M-103-Motor. Sie beinhalten Lohn- und Materialkosten sowie die gesetzliche Mehrwertsteuer von 19 %.

1. Inspektion (klein/groß), ohne Zusatzarbeiten: 280 € / 566 €
2. Keilriemenwechsel (inkl. Spannvorrichtung): 766 €
3. Steuerkettenwechsel (inkl. Kettenspanner): 705 €
4. Zündkerzenwechsel: 80 €
6. Wasserkühler erneuern: 518 €
7. Wasserpumpe mit Thermostat erneuern: 1142 €
8. Neuer Auspuff ab Kat: 687 €
9. Kupplungswechsel komplett: 1457 €
10. Nockenwelle (inklusive Schlepphebel) erneuern: 3404 €
11. Traggelenke Vorderachse erneuern: 536 €
12. Querlenker vorn ersetzen: 2214 €
14. Stoßdämpfer rundum erneuern: 1260 €
15. Druckspeicher Niveauregulierung ersetzen (beide): 947 €
16. Austausch Radlager (vorn/hinten): 2523 €
17. Bremsbelagwechsel (vorn/hinten): 357 €
18. Bremsflüssigkeit wechseln: 134 €
19. Hardyscheibe (Getriebeausgang) erneuern: 329 €
20. Zylinderkopfdichtung erneuern: 1169 €
21. Fußfeststellbremse justieren: 88 €
22. Achsvermessung (inkl. neuer Spurstangen): 446 €
23. Schiebedach-Hubwinkel erneuern: 1563 €
24. Motorsteuergerät ersetzen: 1820 €
25. Zündsteuergerät (ZSG) erneuern: 754 €
29. Automatikgetriebeöl (ATF) wechseln: 370 €
30. Lenkspiel justieren: 132 €
30. ASR-Steuergerät erneuern: 754 €
31. Klimaanlage abdichten, befüllen, Kondensator erneuern: 1060 €

Faustregel: Defekte an der Elektrik/Elektronik sind prinzipiell genau so kostspielig zu reparieren wie bei einem modernen Fahrzeug. Zuweilen sind gebrauchte oder AT-Steuergeräte bei Online-Auktionen verdächtig günstig zu haben. Wem es um das Geld nicht zu schade ist, kann das versuchen, aber: Es handelt sich fast immer um Wundertüten! Eine einwandfreie Funktion garantiert der Anbieter nämlich in der Regel nicht. Wie auch? Mit „Hausmitteln" lässt sich

Die Schnittzeichnung beweist: Der W 126 war und ist ein komplexes Automobil, dennoch ist es relativ unkompliziert instand zu halten. Nur Reparaturen bestimmter Baugruppen, etwa der Steuergeräte, kommen teuer.
Bild: Mercedes-Benz AG

Die Motoren gelten als robust und erreichen hohe Laufleistungen. Ärger bereiten können Motor- und Zündsteuergeräte, der Austausch ist teuer. Gebrauchter Ersatz empfiehlt sich nicht. Außer, er kommt aus seriöser Quelle und wurde geprüft.
Bild: Mercedes-Benz AG

Die Auspuffanlagen sind grundsätzlich langlebig.
Bild: Mercedes-Benz AG

Garant für Komfort und Straßenlage: der Schräglenker-Hinterachskörper
Bild: Mercedes-Benz AG

die Funktion eines Motormanagementsystems nicht testen. Alternative: Es gibt inzwischen diverse Betriebe – etwa die Fa. Hitzing + Paetzold (www.hitzpaetz.de) im nordrhein-westfälischen Gladbeck –, die sich auf die Reparatur von Steuergeräten spezialisiert haben. Oft kann auch das offizielle MB-Altteilecenter helfen. Dann gibt's sogar Garantie.

Leicht zu finden:
Im Grunde: Alles. Sie fahren einen Mercedes-Benz. Das heißt, alles was das Fahrzeug zum Fortkommen benötigt oder benötigen könnte, bekommen Sie entweder sofort oder innerhalb von 24 Stunden an der Teiletheke des Vertragshändlers. Verschleißteile sowieso.

Schwer erhältlich:
„Schwer erhältlich" existiert im Mercedes-Kosmos kaum. Wenn es nicht gerade um Innenraumteile in exotischen Farben – und dann noch in „Amaretta" oder Velours – geht, bekommen Sie eigentlich wirklich alles. Und sollte die Teilesuche tatsächlich einmal fast aussichtslos scheinen, gibt es immer noch die rührige Clubszene. Hier gilt: Irgendeiner hat immer was. Oder kennt jemanden, der jemanden kennt ...

Besonders teuer:
Eine S-Klasse zu fahren und artgerecht zu unterhalten, ist generell nicht billig! Die optional erhältliche hydropneumatische Federung kann horrende Reparaturkosten verursachen. Im Einzellfall kann sogar eine Umrüstung auf ein konventionelles Fahrwerk günstiger sein als die Instandsetzung der komplexen Hydropneumatik. Wenn Sie sich aber in eine Sonderschutz-Variante verliebt haben, sollten Sie sich darauf einstellen, dass selbst der Ersatz einer der gepanzerten Seitenscheiben den Preis eines ordentlichen Kleinwagens erreichen kann. Die Sonderschutzfahrzeuge waren allesamt Einzelanfertigungen, „von der Stange" passt bei ihnen (fast) nichts.

3 Leben mit einem W 126

Ein Mercedes W 126 ist ein Klassiker für die ganze Familie. Das gilt auch für das Coupé. Die Innenräume beider Karosserievarianten bieten ein fürstliches Platzangebot, wobei der Zweitürer als reiner Viersitzer ausgelegt ist. Die Ladeabteile sind ebenfalls angemessen großzügig. Auch für ausgedehnte Reisen.

Selbst den Ganzjahresbetrieb nehmen gepflegte Exemplare nicht krumm. Warum auch? Dafür wurden die Autos schließlich gebaut! Wer die Hohlräume vorsorglich mit Wachs oder Fett fluten lässt, ist für viele Jahre auf der sicheren Seite. Die S-Klasse der Baureihe 126 ist im Kern so bodenständig und musterschülerhaft deutsch, dass sie sich selbst im fortgeschrittenen Alter kaum grobe Schnitzer leistet und im Alltag stoisch und zuverlässig ihren Dienst tut.

Natürlich kann ein W 126 rosten, er kann auch hier und da mal ein mechanisches oder technisches Gebrechen haben, aber: Mängel treten im Grunde nie versteckt auf. Die Schwachpunkte, ob an Karosse oder Technik, lassen sich nahezu immer – Ausnahmen bestätigen die Regel – mit vertretbarem Aufwand instand setzen, falls es sich nicht um ein völlig verwahrlostes Fahrzeug handelt. Von dem sollten Sie dann aber generell die Finger lassen. Die Totalrestaurierung eines W 126 lohnt sich nicht. Dafür gibt es noch zu viele Gute auf dem Markt.

Mit welchem W-126-Modell Sie leben möchten, hängt von Ihrem Budget und Ihren Vorlieben ab. Als schickes Sommerauto zum würdevollen Flanieren taugt am ehesten das Coupé. Die Limousine begleitet Sie stilsicher das ganze Jahr über. Alle Modelle sind über die recht lange Bauzeit in so vielen Farben und Ausstattungsvarianten produziert worden, dass Sie heute noch fast die freie Auswahl haben und der persönliche Geschmack entscheiden kann. Was Sie möchten, werden Sie finden! Es kann nur manchmal etwas länger dauern. Nehmen Sie sich ausreichend Zeit und kaufen Sie dann den besten Wagen, den Sie für Ihr Geld bekommen. Der Autor ist sich sicher: Mit diesem Wagen wollen Sie gemeinsam alt werden!

**Zeitgenössisch: Einen frühen 500 SE mit Plastikradkappen in Mimosengelb und mit Leder Olive sieht man so schnell kein zweites Mal.
Bild: D. Busch**

**Die zweite Serie ist optisch etwas gefälliger, vor allem aber besser gegen Rost geschützt und besser ausgestattet.
Bild: Mercedes-Benz AG**

**Erster Eindruck: Oft gibt schon der (mangelhafte) Pflegezustand Aufschluss über die inneren Werte. Der hier ist verdächtig.
Bild: H.-P. Lange**

**Zeitloser Gleiter: SEC-Coupé der zweiten Serie im frischen Farbton Diamantblau.
Bild: H.-P. Lange**

4 Relative Werte

Die nachfolgende Tabelle gibt einen guten Überblick über das Preisgefüge der verschiedenen W 126-Ausführungen in Deutschland, wie es sich bei Drucklegung dieses Ratgebers darstellte, ermittelt von Classic Data. Die Spezialisten für Fahrzeugbewertungen aus Bochum beobachten seit über 25 Jahren den Markt für zwei- und vierrädrige Klassiker und bieten ein bundesweites Netz qualifizierter Kfz-Sachverständiger, die u. a. Wertgutachten für angebotene oder gekaufte Fahrzeuge erstellen. Unter www.classic-data.de findet man eine nach Postleitzahlen sortierte Liste der Classic-Data-Partner.

In der Realität können die Preise jedoch abhängig von Ausstattung und Fahrzeughistorie variieren. Natürlich spielen Originalität und Zustand bei den zu erzielenden Preisen die größte Rolle.

Mercedes-Benz W 126 Limousine

Modell	Baujahr	PS/kW	ccm	Zustandsnoten				
				1	2	3	4	5
260 SE KAT	1986-1991	160/118	2548	14.600	9.100	5.100	2.000	1.100
280 S	1979-1985	156/115	2746	14.200	8.900	4.900	1.900	1.100
280 SE	1979-1985	185/136	2746	14.700	9.200	5.200	2.000	1.100
280 SEL	1979-1985	185/136	2746	15.000	9.400	5.400	2.000	1.100
300 SE	1985-1987	188/138	2962	15.200	9.500	5.500	2.100	1.100
300 SE Kat	1987-1991	179/132	2962	15.700	9.800	5.800	2.200	1.100
300 SEL	1985-1991	188/138	2962	15.500	9.700	5.700	2.100	1.100
300 SEL Kat (W126)	1985-1991	179/132	2932	16.300	10.200	6.200	2.300	1.200
380 SE	1979-1985	218/160	3818	16.800	10.500	6.500	2.300	1.200
380 SEL	1979-1985	218/160	3818	17.300	10.800	6.800	2.400	1.200
420 SE Kat	1985-1991	218/160	4196	16.000	10.000	6.000	2.200	1.100
420 SEL Kat	1987-1991	224/165	4196	16.500	10.300	6.300	2.300	1.200
500 SE	1979-1985	240/177	4973	20.400	12.700	7.800	2.900	1.400
500 SE Kat	1985-1987	223/164	4939	17.600	11.000	6.800	2.400	1.200
500 SE Kat	1987-1991	252/185	4939	18.100	11.300	7.000	2.500	1.200
500 SEL	1980-1985	231/170	4973	19.000	11.900	7.400	2.700	1.300
500 SEL	1987-1991	231/170	4973	19.700	12.300	7.600	2.800	1.300
500 SEL Kat	1986-1991	223/164	4939	20.200	12.600	7.800	2.900	1.400
560 SE	1985-1992	279/205	5547	22.400	14.000	8.800	3.000	1.500
560 SEL	1986-1989	299/220	5491	23.800	14.900	9.600	3.600	1.800

Mercedes-Benz W 126 Coupé

Modell	Baujahr	PS/kW	ccm	1	2	3	4	5
380 SEC	1981-1985	204/150	3839	28.800	18.000	9.500	3.600	1.700
420 SEC	1985-1987	218/160	4196	26.000	16.300	8.500	3.200	1.600
420 SEC Kat	1987-1991	224/165	4196	25.500	16.000	8.300	3.100	1.600
500 SEC	1981-1985	231/170	4973	31.500	19.600	10.400	4.000	2.000
500 SEC	1985-1991	252/185	4973	30.000	18.700	9.900	3.800	1.800
560 SEC	1985-1987	300/221	5547	27.400	17.100	9.000	3.400	1.600
560 SEC Kat	1987-1991	279/205	5547	26.800	16.800	8.800	3.300	1.600

Limousine

Ihr zeitloses Design repräsentiert immer noch das ehemalige Leitmotiv der Mercedes-Benz-Stilistikabteilung, dass die Gestaltung der Fahrzeuge immer „in Rufweite hinter der Mode" zu sein habe. Und sie wirkt immer noch – unabhängig von der Motorisierung und gerade in dunklen Lackfarben wie etwa Dunkelblau (Code 904) – geradezu staatstragend seriös. Beste Voraussetzungen, um sie als „klassisch" zu bezeichnen. Sie gibt es auch heute noch in großer Auswahl, in allen möglichen Erhaltungszuständen, Farben und Ausstattungen. Zudem ist die Limousine das einzige Modell der Baureihe, für die alle Motorisierungen, vom frühen 280 S mit Vergaser bis hin zum 560 SEL mit bulliger V8-Maschine und langem Radstand, lieferbar waren.

Mercedes-PR-Klassiker: Limousine vor Kirschblüte. Der Kleidungsstil verrät das Aufnahmedatum, die S-Klasse wirkt immer noch modern. Bild: Mercedes-Benz AG

Coupé

Viele Fans der Baureihe halten das mondäne Coupé schlicht für das Meisterstück seines Gestalters Bruno Sacco und mithin für einen der schönsten und stilsichersten Luxuswagen der Achtzigerjahre überhaupt. Der Zweitürer wurde ausschließlich mit Achtzylinder-Motoren und konsequent nur als Viersitzer angeboten. Daher ist das Coupé für ausgewachsene Menschen und auch für längere Strecken würdevoll bequem. Charakteristisch: Die Seitenlinie ohne B-Säule. Wenn alle Fenster geöffnet sind – auch die hinteren Seitenscheiben lassen sich vollständig versenken – entsteht ansatzweise Cabriofeeling. Um Fahrer und Beifahrer keine Verrenkungen zuzumuten, surrt nach dem Einsteigen und dem Einschalten der Zündung ein Kunststoffarm heran, der den Sicherheitsgurt anreicht. Dieser kurios anzuschauende, aber ungemein hilfreiche elektrische „Butler" sollte unbedingt funktionieren! Ersatz ist teuer. Viele Coupés wurden über die Jahre zu Tuning-Opfern. Harte und kurze Feder-/Dämpferpakete und überbreite Bereifung haben dem aufwändigen Fahrwerk mit Sicherheit zugesetzt. Von solchen Exemplaren, auch von denen, die nachweislich zurückgerüstet wurden, sollte man absehen. Selbst dann, wenn der Preis lockt.

Die Seitenscheiben des Coupés lassen sich komplett versenken. Das sieht nicht nur lässig aus, es sorgt auch für so etwas wie Cabriofeeling im Innenraum. Bild: Mercedes-Benz AG

Eine offene Variante gab es ab Werk nicht, wohl aber von diversen Karosseriebauern. Manche vermochten zu überzeugen. Bild: H.-P. Lange

Benziner oder Diesel?

Vorab sei gesagt: W 126 mit Dieselmotoren wurden in Europa nie offiziell angeboten, es gab lediglich eine Variante für den nordamerikanischen Markt (Kanada, USA). Beim „300 SDL" handelte es sich um einen Reihensechszylinder mit 150 PS. „Heimkehrer" aus den

Staaten sind auf den ersten Blick an den deutlich voluminöseren Stoßfängern vorn und hinten, sowie den „Sealed Beam"- Hauptscheinwerfern zu erkennen, die für den Betrieb auf deutschen Straßen umgerüstet werden müssen. Zudem haben die Nordamerika-Versionen mit Automatikgetriebe keinen Programmwahlschalter („S"/„E"). Da derartig großvolumige Selbstzünder ohne Abgasreinigung mit geradezu horrenden Steuern belastet werden und die Zahl entsprechender Fahrzeuge hierzulande verschwindend gering ist, spielen die S-Klasse-Diesel auf dem deutschen Markt praktisch keine Rolle. Wer einen Exoten sucht – und ein Fahrzeug findet – kann damit glücklich werden. Unter fahrdynamischen Gesichtspunkten ist ein SDL jedoch nicht empfehlenswert.

Hierzulande extrem selten und ob horrender Steuern auch kaum gesucht: der nur für Nordamerika produzierte Diesel 300 SD. Bild: Mercedes-Benz AG

S für Einsteiger: Viele Käufer der kleinsten Motorisierung bestellten die Option „Wegfall Typkennzeichen", der Erstbesitzer dieses Fahrzeugs stand zu seiner Entscheidung. Warum auch nicht? Zum entspannten Gleiten reicht der Sechszylinder mit 160 PS allemal. Bild: S. Mantel

Die Benziner – es gab Sechs- und Achtzylinder – gelten dagegen allesamt als robust und langlebig. Kenner mögen den frühen 280 SE (M 110) aufgrund seiner spritzigen Leistungsabgabe und seiner Elastizität, die Vergaservariante 280 S ist praktisch ausgestorben. In der ab 1985 verkauften zweiten Serie (auch „MOPF 2") montierte Mercedes-Benz den aus der Baureihe 124 entlehnten 2,6-Liter-Sechszylinder M 103 mit 160 PS („260 SE") als neue Einstiegsmotorisierung. Dieser erscheint mit dem hohen Fahrzeuggewicht ein wenig überfordert. Für tiefenentspannte „Cruiser", die von ihm keine Sprintqualitäten erwarten, ist er dennoch keine schlechte Wahl. Das Volumenmodell der Baureihe, der 300 SE (M 103), bietet mit seinen 180 PS jedoch ein bemerkenswert besseres Verhältnis aus Leistungsabgabe und Wirtschaftlichkeit. Er ist auch heute noch weit verbreitet. Die Wahrscheinlichkeit, einen gepflegten 300 SE zu einem vernünftigen Preis zu ergattern, recht hoch. Die beiden V8-Motoren in 500 und 560 SE/SEC (M 117) waren zu ihrer Zeit Traumwagen. Die kraftvoll-majestätische und kultiviert-gleichmäßige Leistungsentfaltung in allen Fahrsituationen suchte ihresgleichen und ist auch heute noch begehrenswert. Die Fahrleistungen der bis zu 279 PS starken (560 SE/SEL/SEC mit Katalysator) Maschinen müssen keine modernen Gegner fürchten. Eine Sonderstellung nimmt die katlose „ECE"-Variante dieses Motors ein, die satte 300 PS freisetzt. Das ist ein Erlebnis für sich, allerdings ohne H-Zulassung oder Saisonkennzeichen kaum finanzierbar. 500 und 560 unterscheiden sich charakterlich erheblich voneinander. Grund dafür sind unterschiedliche Hinterachsübersetzungen. Freunde des entspannten Gleitens bevorzugen den 500er, da dieser aufgrund der längeren Hinterachsübersetzung über das gesamte Drehzahlband hinweg auf niedrigerem Umdrehungsniveau läuft und auch leiser ist. Der 560er geriert sich dagegen fast als Sportmotor, mag und braucht Drehzahlen. Wem man den Vorzug gibt, ist Geschmackssache. Die Achtender sind aufgrund vergleichsweise geringer thermischer wie mechanischer Belastung echte Langläufer, Zählerstände von

V8 auf Deutsch: Der Fünfliter ist bullig-kraftvoll und fast genügsam. Bild: Mercedes-Benz AG

Staatstragend: Im dunklen Lack kennt man die S-Klasse als weltweit beliebte Regierungs- und Repräsentationslimousine. So ernsthaft und seriös wirkt sie noch heute. Bild: H.-P. Lange

Der W 126 geriet rundherum so stimmig, dass er aus jeder Perspektive ein stattliches Bild abgibt. Bild: H.-P. Lange

Der „kleine" Achtzylinder der ersten Serie (380 SE) ist heute selten, bietet aber kultivierten Vortrieb. Bild: Autor

Fahrzeuge in einem solchen Zustand finden Sie auf dem Privatmarkt kaum. Dieses Exemplar wurde auf der Techno Classica 2014 angeboten. Der Kurs lag im oberen fünfstelligen Bereich. Bild: Autor

500.000 Kilometern und mehr sind in der Szene eher Regel als Ausnahme. Damit sie diese hohen Laufleistungen erreichen, ist es ratsam, sich beizeiten um den Zustand der Duplex-Steuerkette mitsamt ihren Kettenspannern und um die Nockenwellen inklusive deren Schlepphebeln zu kümmern. „Kümmern" heißt: Ein Experte sollte den Motor öffnen und den Zustand speziell dieser Baugruppen prüfen und sie gegebenenfalls ersetzen. Kenner raten ab einem Kilometerstand von etwa 250.000 Kilometern zu dieser Vorsorgemaßnahme.

Nicht vergessen wollen wir die beiden „kleineren" Achtzylindermotoren im 380 SE/SEL/SEC (bis 1985) und im 420 SE/SEL/SEC (ab 1985, Motortyp M 116). Sie waren schon als Neuwagen durchaus bemerkenswert günstiger als ihre beiden größeren Geschwister, verzichteten allerdings auf die bei 500 und 560 SE/SEL/SEC serienmäßige Anfahrmomentabstützung, die ein Eintauchen des Fahrzeughecks beim Anfahren verhindert. Bis auf die etwas geringere Leistung sind beide indes ebenso kultivierte wie kraftvolle Maschinen. Allerdings sind sie heute beide erstaunlich selten.

Eine S-Klasse, zumal als mondäner 500 SEC, machte sich in prominentem Besitz besonders gut. Wie etwa bei Formel-1-Legende Ayrton Senna, der sich hier mit seinem nagelneuen Coupé ablichten ließ. Bild: Mercedes Benz AG

MOPF oder Serie? Ein Kosename löst Debatten aus

Den kurios klingenden Kosenamen „MOPF" gibt es nur in der Mercedes-Szene! Es handelt sich um die flapsige Abkürzung der in regelmäßigen Abständen vom Werk durchgeführten Modellpflegemaßnahmen, bei anderen Herstellern „Facelift" oder schlicht Überarbeitung genannt. Wenn Mercedes-Fans sich also über „MOPF"-Fahrzeuge („gemopfte" oder „Möpfe" ist auch gebräuchlich) unterhalten, meinen sie die verschiedenen Evolutionsstufen einer Baureihe. Ernsthaftere „Mercedologen" schätzen diese Abkürzung gar nicht und sprechen lieber von Serien. Wie dem auch sei: Die Baureihe W 126 unterteilt sich in zwei Entwicklungsstufen, die Serie 1 wurde von 1979 bis 1985 produziert, die Serie 2 (oder „MOPF1") von 1985 bis 1991. Letztere wird von vielen Fans der Baureihe als die schö-

Großzügig: Die Limousine mit „normalem" Radstand wurde mit deutlichem Abstand am meisten verkauft. Platznot litten die Insassen nicht. Bild: D. Busch

Gehobene Gesellschaft: Ein „S" mit langem Radstand will eigentlich mit Chauffeur gefahren sein. Bild: Mercedes-Benz AG

Schokoladenseite: Aus dieser Perspektive wirkt die Seitenlinie des SEC besonders gelungen. Bild: Mercedes-Benz AG

nere und elegantere Version empfunden, was nicht zuletzt an den optischen Retuschen lag, die Mercedes-Benz seiner „ersten Garde" angedeihen ließ. So waren die zuvor in Kontrastfarben lackierten und mit geriffelter Oberfläche versehenen Seitenbeplankungen („Sacco-Bretter") nunmehr glattflächig ausgeführt und in harmonisch zur Lackfarbe des Blechs abgestimmten Tönen zu haben. Im Zusammenspiel mit der überarbeiteten, tiefer heruntergezogenen Bugschürze, zurückhaltend nachmodellierten Fensterrahmen und der Umstellung auf 15-Zoll-Felgen – für Stahl- und Leichtmetallräder – geriet die Optik des großen Wagens insgesamt moderner und glattflächiger.

Auch im Innenraum gab es mit einer modifizierten Rückbank und einer leichten Umgestaltung des Bedienkonzepts – so wanderten einige Schalter von der Armaturentafel in den Dachhimmel – leichte Veränderungen.

Die einschneidensten aber gab es unter der Haube: Bis auf den Fünfliter-V8 wurden alle Aggregate erneuert und waren ab sofort mit Drei-Wege-Katalysator oder auf Wunsch als „Rückrüst-Versionen (RÜF)" bestellbar. Heißt: Ab Werk war kein Kat verbaut, konnte aber jederzeit nachgeordert werden.

Gnade der frühen Geburt: Von den gravierenden Rostproblemen, die die späten Ausführungen der Baureihe W 124 (MOPF 2) reihenweise heimsuchten, blieben beide Serien des W 126 verschont. Mercedes-Benz stellte seine Lackierstraßen erst 1993 – zwei Jahre nach Bauzeitende der Baureihe 126 – auf die anfangs problematischen Wasserbasislacke um.

In voller Fahrt: Auf der Autobahn fühlt sich ein W 126 noch heute pudelwohl, komfortabler kann man kaum reisen.
Bild: Mercedes-Benz AG

Geregelte Drei-Wege-Katalysatoren waren ab Serie 2 (1985) für alle Motoren verfügbar, die es auf Wunsch auch noch als „RÜF"-Varianten gab. Bild: Mercedes-Benz AG

Die baden-württembergische Polizei stellte in den Achtzigern einige S-Klassen in Dienst, die dort recht lange verblieben. Nicht wenige davon waren mit Panzerung versehen und kamen etwa als Begleitfahrzeuge im Umfeld der Landesregierung zum Einsatz.
Bild: Mercedes-Benz AG

5 Vor der ersten Inaugenscheinnahme

Die Goldene Regel für die Besichtigung lautet: Bleiben Sie gelassen! Zu große Begeisterung fürs Auto vernebelt die Sinne und den klaren Blick. Den aber brauchen Sie bei der Suche nach „Ihrem" W 126. Informieren Sie sich vorab über die Marktlage, studieren Sie Fachmagazine und versuchen Sie, ein Gefühl für die Preise zu bekommen. Sind Sie unsicher, nehmen Sie Kontakt zu einem der zahlreichen Clubs auf oder fragen Sie jemanden in Ihrem Bekanntenkreis, der Erfahrung mit älteren Fahrzeugen hat.
Viele der im Folgenden genannten Punkte haben beim Klassikerkauf allgemeine Gültigkeit und beziehen sich nicht ausschließlich auf den Mercedes W 126. Sie zu beachten, wird Ihnen also in jedem Fall helfen.

Wo steht der W 126?

Das Angebot an guten Exemplaren ist bundesweit recht groß, und eventuell steht Ihr vermeintlicher Traumwagen am anderen Ende der Republik. Dennoch lohnt es sich – bevor Sie eine mehrstündige Anreise in Kauf nehmen – zunächst den Markt rund um Ihren Wohnort, bis maximal 100 km Umkreis, zu sichten. Sie werden in jedem Fall eine Menge Fahrzeuge in den unterschiedlichsten Zuständen und Preiskategorien sehen und lernen, in welchem vernünftigen Verhältnis beides für Sie zueinander stehen sollte. Und wer weiß? Vielleicht wartet der W 126, den Sie zu finden hoffen, ja doch im Nachbarort.

Händler oder Privatverkäufer?

Inzwischen gibt es – neben den allseits bekannten „Kiesplatz-" oder „Fähnchenhändlern" – eine große Zahl von Betrieben, die sich auf den Handel mit klassischen Mercedes-Benz spezialisiert haben. Arbeiten diese seriös, finden Sie dort zumindest keinen rollenden Schrott. Der Händler steht ja auch in der Gewährleistungspflicht, was große Vorteile hat, und wird Ihnen daher ordentliche Ware verkaufen wollen. Die hat dann allerdings ihren Preis.
Gerade im Fall der Baureihe W 126 sind derzeit eklatante Unterschiede zwischen gewerblichem und privatem Markt festzustellen – die nicht immer qualitativ zu rechtfertigen sind. Dann gibt es Händler, die sich auf den Import von Fahrzeugen aus Japan spezialisiert haben. Die locken häufig mit überdurchschnittlicher Ausstattung, vergleichsweise niedrigen Laufleistungen und sehr guten Pflegezuständen. Umstände, die so manchen Händler zu utopischen Preisforderungen veranlassen. Vorsicht! Auch, wenn der eine- oder andere „Heimkehrer" wirklich substanziell gut ist, sind Preisaufschläge nicht immer gerechtfertigt. In Wahrheit notieren hiesige Erstzulassungen in vergleichbarem Zustand über Re-Importen!
Bleibt der Privatkauf ohne Netz und doppelten Boden. Entweder sollten Sie selbst in der Lage sein, den Zustand eines Fahrzeuges einigermaßen sicher zu beurteilen oder Sie nehmen zur Besichtigung jemanden mit, der das kann. Ein Restrisiko bleibt natürlich. Zu guter Letzt: Welchen Eindruck macht der Verkäufer? Haben Sie das Gefühl, dass er sein Auto gut kennt und entsprechende Belege vorweisen kann, ist das Risiko beim privaten Kauf überschaubarer.

Kosten der Überführung

Übergibt der Verkäufer Ihnen das Auto angemeldet, brauchen Sie keine weiteren Kosten einzuplanen. Sie überführen ja auf eigener Achse und melden das Fahrzeug am Heimatort auf sich um. Erwerben Sie jedoch einen abgemeldeten PKW, gibt es zwei Möglichkeiten: Entweder Sie mieten sich einen Trailer (was natürlich nur dann geht, wenn Sie Zugriff auf ein mit Anhängerkupplung ausgerüstetes Zugfahrzeug haben) oder Sie beantragen eine Kurzzulassung (5-Tages-Kennzeichen). Dafür muss das Fahrzeug über eine gültige Hauptuntersuchung verfügen. Die Unterlagen bekommen Sie entweder von Ihrer Versicherung oder in der Zulassungsstelle. Bleibt als Alternative der Transport auf einem Trailer. Ein Anhänger kostet meistens nicht mehr als um 50 € pro Tag (Kaution einplanen!).

Besichtigung – wann und wo?
Auf jeden Fall bei Tageslicht und zumindest bei trockenem Wetter. So erkennen Sie optische (Lackschäden, Dellen) und technische (Öl- bzw. Flüssigkeitsverlust) Mängel besser. Sollte eine Grube oder Hebebühne vorhanden sein, nutzen Sie die Möglichkeit, den Unterboden des Kaufobjekts zu inspizieren.

Was ist der Grund für den Verkauf?
Lobt ein Verkäufer sein Auto in den höchsten Tönen, hat aber keine plausible Antwort auf die Frage, weshalb er es dennoch veräußern möchte? Dann sollten die Alarmglocken läuten! Versuchen Sie herauszufinden, wie viele Vorbesitzer das Auto hatte und wie schnell diese einander abwechselten. Da ist es hilfreich, wenn der alte Fahrzeugbrief noch vorhanden ist. Es ist normal, dass ein über 20 Jahre altes Fahrzeug in seinem Leben zwei oder drei Besitzer hatte. Sind es aber deutlich mehr und haben diese den Wagen jeweils nur wenige Monate lang besessen, hat das immer Gründe!

Allgemeiner Zustand
Auch da können Sie dem Verkäufer auf den Zahn fühlen: Kann er Ihnen zusätzliche Angaben machen, die über den Anzeigentext hinausgehen? Hat er Reparaturbelege und Rechnungen, eventuell Fotos? Je plausibler und umfangreicher Antworten und Unterlagen sind, desto besser.

Original oder getunt?
Das ist zunächst Geschmackssache. Zeitgenössisch „aufgebrezelte" Karossen können ihren Reiz haben. Fahrzeuge in gepflegtem Originalzustand sind in jedem Fall begehrter und somit teurer. Auch die begehrte H-Zulassung ist bei ihnen wahrscheinlicher. Für getunte Autos gibt es sie nur, wenn belegbar ist, dass das verbaute Zubehör zeitgenössisch ist. Bei 18 oder 19 Zoll großen Rädern und entsprechender Breitbereifung können Sie das im Prinzip vergessen.
Ausnahmen bestätigen aber die Regel: Einer von AMG oder von Brabus veredelten S-Klasse sollte kein Gutachter den historischen Status verweigern. Bei den in den Achtzigern zeitweise beliebten Koenig-Breitbauten sind

Derart „abgerockte" Fahrzeuge haben für manchen Interessenten einen besonderen Charme. Mit so etwas kann sich beschäftigen, wer Schrauberkenntnisse hat und weiß, auf was er sich einlässt. Bild: H.-P. Lange

Man kann auch ein getuntes Fahrzeug kaufen, aber: Sind alle Umbauten eingetragen? Bild: Autor

Vorteil bei Fahrzeugen vom spezialisierten Klassikhändler: Meist wird der eine Garantie geben. Dafür ist er oft deutlich teurer. Bild: Autor

Beim Anblick von Radlaufchrom schüttelt es jeden ernsthaften Fan: Was sich darunter verbirgt, ist meist ein Fall für den Karosseriebauer. Bild: H.-P. Lange

die Prüfer indes geteilter Meinung, ob es sich wirklich um erhaltenswertes technisches Kulturgut handelt. Das sind dann Einzelfallentscheidungen.

Außerdem ist davon auszugehen, dass die recht komplexe Achskonstruktion des W 126 unter Superbreitbereifung – meist in Verbindung mit satter Tieferlegung – gelitten hat. Wenn es denn trotzdem ein Tuningfahrzeug sein soll, ist wichtig, dass alle Änderungen in die Papiere eingetragen oder deren Konformität mit entsprechenden ABE-Unterlagen nachweisbar sind.

Stimmen die Fahrzeugdaten?

Fragen Sie den Verkäufer unbedingt, ob der angebotene Mercedes frei von Ansprüchen Dritter ist (z.B. einer Bank). Anhand der Fahrgestellnummer können Sie im Zweifel bei der Zulassungsstelle nachfragen, ob das Fahrzeug als gestohlen gemeldet wurde.

Die Sache mit dem Sprit

Mercedes-Fahrzeuge mit Benzinmotor der Baujahre bis einschließlich 1985 sind (inklusive Vergaser und Fahrzeuge ohne werksseitigen Kat) NICHT E10 – tauglich! Fahrzeuge der Baureihe W 126 mit Kat und Einspritzer ab 1986 können dagegen grundsätzlich mit E10-Kraftstoff betrieben werden. Um jegliches Risiko auszuschließen, rät Mercedes-Benz auf Nachfrage allerdings davon ab.

Versicherung

Eine S-Klasse war und ist ein recht kostspieliges Vergnügen. Die Versicherer stufen einen W 126, der als Alltagsfahrzeug eingesetzt werden soll, demzufolge recht hoch ein, die Topmodelle mit V8 sowie die Coupés naturgemäß noch etwas höher. Wenn Sie Ihren W 126 dagegen eher als Freizeit-, Hobby- oder „Sonntags"-Auto betrachten, bietet sich eine Old- oder Youngtimerversicherung an, die oft deutlich günstiger kommt. Verschiedene Assekuranzen (etwa ADAC, Zurich, OCC) bieten spezielle Tarife, die aber an Bedingungen (Zeitwertgutachten, Kilometerlimitierung pro Jahr oder Nachweis eines Alltagsfahrzeugs) geknüpft sein können. Da sollten Sie am besten vorher mit Ihrem Versicherer sprechen. Auch mit einem Saisonkennzeichen lässt sich Geld sparen.

Wie kann ich bezahlen?

Privatgeschäfte sind meist Bargeschäfte, bei einem Händler können Sie den Kaufpreis in der Regel auch überweisen. Ein seriöser Kaufmann sollte sich darauf einlassen. Bestehen Sie in jedem Fall auf einen ordentlichen Kaufvertrag!

Kaufen auf einer Versteigerung?

Wenn Sie sich mit dem Gedanken tragen, Ihr Fahrzeug bei einer Auktion zu erwerben, lesen Sie unbedingt Kapitel 10! Bedenken Sie, dass Sie bei einer Auktion oft nur begrenzte Zeit zur Besichtigung haben, Probefahrten sind meist nicht möglich. Außerdem wird in der Regel ein so genanntes Aufgeld berechnet, das zum eigentlichen Kaufpreis hinzukommt. Und: Kaufen Sie nicht blind im Internet! Eine gewonnene Ebay-Auktion ohne vorherige Besichtigung des Objekts kann im Desaster enden.

Professionelle Überprüfung des Fahrzeugs

Wenn Ihnen das Fachwissen fehlt, den Zustand eines Fahrzeugs realistisch einzuschätzen, nehmen Sie zur Besichtigung einen Kenner mit. Alternativ können Sie mit dem Verkäufer vereinbaren, dass Sie das Fahrzeug in einer Kfz-Werkstatt oder bei einer Prüforganisation (TÜV, Dekra, GTÜ etc.) zum Gebrauchtwagen-Check vorführen dürfen. Wenn der Verkäufer nichts zu verbergen hat, sollte er Ihnen das nicht verweigern.

6 Inspektionsausrüstung

- **Dieses Buch**
- **Lesebrille (falls Sie eine benötigen)**
- **Magnet (ein schwacher reicht aus)**
- **Taschenlampe**
- **Kleiner Schraubendreher**
- **Mechanikeroverall**
- **Spiegel mit verlängerter Halterung**
- **Digitalkamera**
- **Einen Freund, möglichst einen mit Fachwissen**

Bevor Sie sich auf den Weg zu einer Probefahrt machen, sollten Sie eine kleine Ausrüstung zusammenstellen, die bei der Besichtigung hilfreich sein wird. Haben Sie keine Scheu, das anvisierte Exemplar gründlich zu untersuchen. Der Verkäufer soll ruhig sehen, dass Sie vorbereitet sind.

Vielleicht das wichtigste Hilfsmittel ist dieses Buch und die darin enthaltenen Checklisten. Vergessen Sie auf keinen Fall Ihre Lesebrille, sofern Sie eine benötigen, um etwas aus nächster Nähe zu inspizieren.

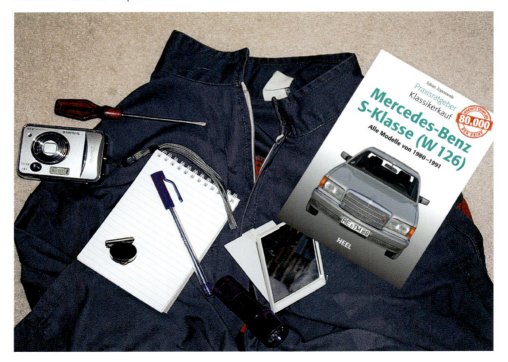

Ein Magnet entlarvt jeden Blender, dessen Karosserie zu weiten Teilen aus Spachtel besteht. Nur wo blankes Blech unter dem Lack liegt, bleibt der Magnet haften. (Vorsicht! Bei diesem Test nicht den Lack zerkratzen!) Dazu sollten Sie zunächst den jetzigen Besitzer nach reparierten Schäden fragen. Zumindest eine dünne Schicht Füllspachtel gehört nun einmal zu den meisten Karosseriereparaturen, auch einer professionellen. Das Fahrzeug sollte allerdings nur kleinflächige Spachtelungen aufweisen. Große Schäden werden vom Profi durch eingeschweißte Bleche behoben. Es spricht nichts gegen eine professionell ausgeführte Restaurierung. Allerdings sollte der Verkäufer mit offenen Karten spielen und diesen Umstand nicht verheimlichen.

Eine Taschenlampe bringt Licht in alle dunklen Bereiche eines Autos, und davon gibt's eine ganze Menge: Radhäuser, Fahrwerk, Unterboden, Motorraum und der Raum unter dem Armaturenbrett, um nur einige zu nennen.

Testen Sie mit einem kleinen Schraubendreher – aber vorsichtig! – verdächtig aussehende Bereiche des Unterbodens und der Karosserie um die Radhäuser herum. Auf diese Weise lassen sich möglicherweise unter dem Unterbodenschutz verborgene Durchrostungen finden. Wenn der Verkäufer Sie von dieser Untersuchung abhalten will, sollten Sie die Besichtigung abbrechen. Mit hoher Wahrscheinlichkeit wird nämlich der Prüfer bei der nächsten Hauptuntersuchung genau auf diese Weise kritische Stellen kontrollieren.

Speziell wenn keine Möglichkeit besteht, das Auto auf eine Hebebühne zu fahren, sollten Sie sich darauf vorbereiten, sich auf den Boden zu legen. Nehmen Sie deshalb einen Mechanikeroverall mit, den Sie über die normale Kleidung ziehen können. Genau für diesen Fall ist auch ein kleiner Spiegel hilfreich, der entweder auf einer kleinen Teleskopstange oder am Ende eines Stocks befestigt ist. Mit seiner Hilfe können Sie unter dem Auto – oder im Motorraum – Bereiche von Fahrwerk und Auspuff kontrollieren, die sonst dem Blick verborgen sind.

Fotografieren Sie Teile bzw. Fahrzeugkomponenten, bei denen Sie sich nicht sicher sind. So können Sie später in aller Ruhe in Büchern oder bei Experten zusätzlichen Rat einholen. Überhaupt ist es ratsam, einen Freund zur Probefahrt mitzunehmen, idealerweise einen mit Mechanikerkenntnissen. Eine zweite Meinung – die mangels eigenen Interesses vielleicht sogar objektiver ist als Ihre eigene – kann bei einem Autokauf nie schaden.

7 15-Minuten-Prüfung
Lohnt sich eine genauere Inspektion?

In einer Viertelstunde werden Sie nicht beurteilen können, ob der blecherne Kandidat tatsächlich der lange gesuchte Freund fürs Leben ist. Manche Mängel erkennen weder der ehrlichste Verkäufer noch der pfiffigste Interessent, andere Fehler entwickeln sich schleichend. Schließlich reden wir hier über ein Fahrzeug, das im Schnitt deutlich über 20 Jahre alt ist. Sie tun in jedem Fall gut daran, niemals von einem perfekten Zustand auszugehen. Wenn das Auto mit diesen Worten angepriesen wird, gleich gar nicht. Die folgende Checkliste gibt Ihnen zumindest einige Anhaltspunkte darüber, ob sich die intensivere Beschäftigung mit dem Objekt der Begierde lohnt.

Der Versatz zwischen vorderer und hinterer Tür hat sicher Gründe. Ihnen sollte man auf die Spur kommen. Bild: Autor

Optik/Karosserie:
Es sollte selbstverständlich sein, dass die Besichtigung eines Fahrzeuges bei mindestens trockenem, besser sonnigem Wetter stattfindet. Denn nur so erkennen Sie rasch, ob partielle Nach- oder Neulackierungen stattgefunden haben. Farbunterschiede zwischen Türen, Kotflügeln und Hauben – und seien es nur Nuancen – hat es ab Werk nicht gegeben! Auch schiefe oder weit auseinanderklaffende Spaltmaße nicht. Abschürfungen am Kunststoff der Stoßfänger, Schürzen oder Seitenbeplankungen können durchaus als „Kampfspuren" eines Alltagsfahrzeuges durchgehen. Sind diese Anbauteile allerdings gerissen, gebrochen oder auffällig verformt, sollte man der Sache auf den Grund gehen. Möglicherweise steckt der eigentliche – und weitaus größere – Schaden dahinter.

Hier hat´s mal ein wenig gerummst. Im Idealfall ist das nur ein Schönheitsfehler. Bild: Autor

Als nächstes macht es Sinn, sich potenziellen Rostnestern zuzuwenden: Werfen Sie zuallererst einen Blick auf alle vier Wagenheberaufnahmen. Im unteren Drittel der Seitenbeplankungen, auf Höhe der Schweller, finden Sie bei „gemopften" Fahrzeugen vier Abdeckungen (in der ersten Serie liegen die Aufnahmepunkte frei und können direkt begutachtet werden), die Sie mit einem flachen Schraubendreher oder einem Schlüssel vorsichtig öffnen können. Sind die Aufnahmen darunter deutlich von Rost gekennzeichnet, können Sie davon ausgehen, dass auch die Schweller bereits von Korrosion befallen sind. Wenn Sie jetzt keinen „Schweißer-Gott" kennen, können Sie die Besichtigung hier beenden. Auch, wenn es dafür Reparaturbleche in allen Qualitäts- und Preisstufen gibt: Die Instandsetzung ist recht aufwändig und wird teuer. Selbst ernannte „Spezialisten" schweißen die Wagenheberauf-

Die Blasenbildung am vorderen linken Kotflügel verheißt nichts Gutes. Wer auf Nummer sicher gehen will, sollte den kompletten Kotflügel austauschen (lassen). Bild: Autor

Der Zustand der Wagenheberaufnahmen ist ein guter Indikator. Bei Fahrzeugen der ersten Serie sind sie gut einsehbar, bei diesem Exemplar sogar ohne Befund. Bild: Autor

Links: So ganz folgenlos war der kleine Schubser (siehe S. 22) wohl doch nicht, der Stoßfänger ist deutlich in Richtung Radhaus verschoben. Da drohen mindestens Richtarbeit und Lackierung. Bild: Autor

Rechts: Rost am hinteren Radlauf. Sieht recht harmlos aus, aber im schlimmsten Fall ist bereits die gesamte Seitenwand unterwandert. Bild: Autor

nahmen zuweilen auch kurzerhand komplett zu. Auf solche halbgaren Basteleien sollten Sie sich keinesfalls einlassen! Ob die Kotflügelkanten vorn (speziell der Bereich im Übergang Stoßfänger/Kotflügel), die hinteren Radläufe selbst oder das so genannte „Kniestück" – der Übergang von Endspitze zum hinteren Radlauf – bereits Blasen werfen, erkennt man schnell. Der in den Achtzigerjahren relativ verbreitete „Radlaufchrom" (Zirkussicheln) sollte sie skeptisch machen. Oft sind die Radläufe darunter verrottet. Die hinteren Radläufe waren werksseitig stets mit einer Kunststoffabdeckung („Banane") versehen. Fehlt diese, kann Spritzwasser hinter die Seitenteile gelangt sein und hinter der Teppichverkleidung der Kofferraumseitenwände ihr zerstörerisches Werk begonnen haben. Ist der Kofferraum verdächtig feucht oder riecht er muffig, sollten Sie immer misstrauisch sein und vorsorglich die Seitenteppiche entfernen. Auch die Türböden und die Türrahmen (Dichtungen anheben!), sowie Heckklappe, Front- und Heckscheibenrahmen sollten inspiziert werden. Gerade die fachgerechte Instandsetzung eines maroden Heckscheibenrahmens ist aufwändig und nicht günstig auszuführen. Hat das ausgewählte Fahrzeug ein Schiebedach, schauen Sie sich den Rahmen von außen und innen an (Wasserabläufe frei?) und prüfen Sie unbedingt die Funktion! Weist das Dach Lackkratzer auf, könnte ein baldiger Defekt oder eine falsche Justage einer der beiden so genannten Hubwinkel der Grund dafür sein. Ist das Dach komplett funktionslos, ist ein solcher Defekt – seltener ein verendeter Antrieb – sehr wahrscheinlich. Viele Vorbesitzer scheuen die Reparatur und lassen das Dach von ihrer Werkstatt einfach stilllegen. Knackt es vernehmlich beim Öffnen und Schließen der Türen – insbesondere die hinteren Portale sind betroffen – sind meistens die Türfangbänder „fertig". Eine Reparatur, die gerne mal aufgeschoben

Scheibenrahmen vorn und hinten sind neuralgische Punkte und unbedingt zu kontrollieren, ebenso wie die Scheibenränder selbst. Haben sich „Milchränder" gebildet, ziehen die Scheiben Wasser. Und der TÜV-Prüfer die Reißleine. Fotos: Autor

Links: Die Kontrolle des Heckscheibenrahmens von unten gehört zum Pflichtprogramm. Hat sich unterhalb der Heckablage bereits Rost eingenistet, wird die Sanierung aufwändig und teuer. Bild: Autor

Knackende Türfangbänder, vor allem an den hinteren Türen, sind ein bekanntes Phänomen und dürfen nicht ignoriert bleiben. Irgendwann blockieren die Türen! Bild: Autor

wird. Allzu lange sollte man damit aber nicht warten, irgendwann blockiert die Tür und lässt sich nicht mehr schließen.

Wenn Sie die Möglichkeit haben, das Auto aus einer Grube heraus oder auf einer Hebebühne von unten zu inspizieren, nutzen Sie diese. Werfen Sie, am besten mit einer starken Leuchte, einen Blick auf die Aufnahmen der vorderen Federn (sind die Federn selbst intakt? Mitunter ist die erste Windung gebrochen ...) und auf die Befestigung der hinteren Stoßdämpfer sowie generell auf alle Lager von Vorder- und Hinterachse. Selbstverständlich sollten auch alle am Wagenboden verlaufenden Benzin-, Hydraulik- und Bremsleitungen ohne Befund sein und etwa Bremsschläuche nicht rissig oder auffallend hellgrau verfärbt aussehen. Wirkt der Unterboden auffallend sauber oder dick mit frischem Schutz überzogen, darf man ruhig stutzig werden. Ob die Auspuffanlage intakt aussieht, registriert man meist nebenbei. Zuletzt kann es auch nicht schaden, die Motorhaube zu öffnen und sich den Bereich rund um den und unterhalb des Waschwasserbehälters und – wenn möglich – den Batterieboden anzusehen.

Links: Oft unbemerkt brechen die vorderen Federn in der ersten Windung. Der TÜV verweigert dann aus Sicherheitsgründen die Plakette. Bild: Autor
Rechts: Ob die Auspuffanlage noch intakt ist, sieht und hört man schnell. Ersatz ist nicht günstig, hält aber in der Regel lange. Bild: Autor

Innenraum:

Wenn Sie die Fahrertür öffnen, fällt Ihr erster Blick auf die Außenwange des Fahrersitzes. Das ist auch gut, denn meistens ist sie abgewetzt oder völlig durchgescheuert. Was nicht zwangsläufig ein Indiz für ein „abgerocktes" Fahrzeug sein muss. Ausschlaggebend sind in dem Zusammenhang folgende Faktoren: Abnutzungsspuren auf den Pedalen, dem Lenkrad (Bei Kunststofflenkrädern: Ist die charakteristische Strukturierung des Kranzes noch gut sichtbar oder ist er „glatt"? Bei Lederlenkrädern: Wie sehen die Nähte aus? Wirkt der Kranz speckig, rissig?) und dem Schaltknauf. Passt der Gesamteindruck der Innenausstattung zum Tachostand und zum Baujahr? Sind die Polster der Sitzanlage noch einigermaßen straff oder wirken sie durchgesessen, gibt es Wasserflecken (unbedingt auch unter die vorderen Bodenteppiche schauen!)? Von der Sonne ausgeblichene Hutablagen oder Rückbankoberkanten kommen gerade bei den Stoffinterieurs

Velourspolstern sieht man ihr wahres Alter erst an, wenn sie wirklich abgenutzt sind. Die Materialqualität war hervorragend. Bild: Autor

Links: Im „Untergeschoss" sollte man den Teppich anheben, um Feuchtigkeit aufzuspüren. Zudem verrät der Abnutzungsgrad der Pedale viel über die wahre Laufleistung. Bild: Autor
Rechts: Ist das Lenkrad speckigglatt oder kann man die ursprüngliche Narbung des Kunststoffes noch erkennen? Das hier war schon länger in den Händen seiner (vielen?) Fahrer. Bild: Autor

Die Instrumente und alle Kontrollleuchten sollen funktionieren. Steht der Öldruckzeiger kurz nach dem Start auf „3", fühlt sich der Motor wohl. Eine im unteren Drittel zitternde Tachonadel kann man in Maßen akzeptieren. Während der Fahrt beruhigt sie sich oft. Bild: Autor

Die Stoffe bleichen an der Oberkante der Rücksitze mit den Jahren aus. Selbst wenn das Fahrzeug nicht dauernd Sonne sah, lässt sich das kaum verhindern. Bild: Autor

Der Kombihebel für Blinker und Wischer wird ständig benutzt und ist im hohen Alter gern defekt. Originaler Ersatz ist teuer, der gut sortierte Gebrauchtmarkt kann oft helfen. Bild: Autor

häufig und auch schon bei recht „jungen" Fahrzeugen vor. Entweder lebt man damit oder behebt es später. Ein „Killerkriterium" gegen das entsprechende Auto ist es nicht. Lassen Sie den Innenraum auf sich wirken und checken Sie die technische Ausstattung. Funktionieren alle Taster und Schalter? Lüftung, Heizung, Klimatisierung, Fensterheber (auch die mechanischen Kurbelheber können insbesondere an der Fahrertür streiken)? Wichtig ist auch die korrekte Funktion des Schiebedachs: Lässt es sich geräuschfrei und einigermaßen zügig öffnen und schließen? Stellt es sich auf? Klappt der Windabweiser problemlos auf und zu? Sehen Sie sich die Laufschienen des Dachs an: Eine ordentliche Reinigung und Behandlung mit Sprühfett hat schon vor manch teurer Reparatur gerettet. Fast schon zum „Normalbefund" bei einem W 126 gehört, dass Teile der Armaturenbeleuchtung ausgefallen sind. Entweder im Kombiinstrument oder im Bereich der Heizungs- und Lüftungsregelung. Das ist kein Anlass zur großen Sorge, geschickte Hobbyhandwerker können das selbst beheben. Die entsprechenden Lämpchen haben einen Stecksockel, müssen also nicht gelötet werden. Weitere potenzielle Fehlerquellen stecken im Kombihebel für Blinker-, Fernlicht, und Wischerfunktion. Hin und wieder fährt die automatische Radioantenne (nicht bei allen Radioanlagen verfügbar) nicht mehr aus. Oder nicht mehr ein. Das ist lästig, aber kein wirkliches Problem. Wer auf dieses Feature verzichten kann, ersetzt sie – wie der Autor – durch ein mechanisches Austauschteil und hat fortan Ruhe.

Rund um den Antennensockel gammelt es schnell. Hier nicht, dafür ist die Automatikantenne stehengeblieben. Ersatz ist bezahlbar. Bild: Autor

Der Ölzettel mit möglichst aktuellem Datum ist ein Indiz für die Pflegemoral des Besitzers, aber keine Garantie für intakte Technik. Bild: Autor

Technik:

Steht das Auto noch auf einer Hebebühne? Gut! So können Sie sich, bevor Sie es wieder ablassen, noch das Reifenprofil und das Alter der Reifen, die Hardyscheiben und die Gelenkwelle sowie die Bremsscheiben und Beläge ansehen. Soweit alles in Ordnung? Dann kann die Fuhre wieder auf den Boden. Öffnen Sie die Motorhaube und prüfen Sie das Kühlwasser und den Deckel des Öleinfüllstutzens: Befinden sich ölige Schlieren im Wasserbehälter, riecht es daraus ölig oder verbrannt? Ist der Öldeckel an seiner Unterseite schaumig oder hat weißliche Spuren? Können Sie eine der Fragen bejahen, hat sich mit Sicherheit die Zylinderkopfdichtung verabschiedet oder steht kurz vor dem Kollaps. Soweit sichtbar, sollte man das gesamte Kühlsystem nach Undichtigkeiten ab-

Schrauben Sie den Kühlerdeckel ab. Ist die Dichtung wellenförmig verzogen, können Sie den Deckel entsorgen. Neuen Ersatz gibt's im freien Teilhandel ab fünf Euro. Bild: Autor

suchen. Helle Flecken an Schlauchverbindungen, Schläuchen oder dem Kühler selbst können Indizien für Stellen sein, an denen bereits Kühlmittel ausgetreten ist. Riecht es im Motorraum stark nach Benzin oder Diesel, können Kraftstoffleitungen leck sein. Natürlich sind vollkommen ölverschmierte Aggregate auch nicht unbedingt ein gutes Zeichen. Genauso wenig wie eine blitzblanke 300.000-Kilometer-Maschine. Wenn der Motor nach Arbeit aussieht, aber nirgendwo nässt, ist in der Regel alles gesund.

Der Kühler steht aufrecht im Bug und lässt sich leicht inspizieren. Achten Sie auf „Stockflecken" und Schmutz. Auch die Hupe sollte natürlich funktionieren. Bild: Autor

Nun empfiehlt es sich, das Aggregat anzuwerfen und ihm bei der Arbeit zuzuhören. Und zwar im kalten und nach einer Probefahrt noch einmal im warmen Zustand. Läuft es harmonisch und ohne auffällige Klapper- und Klackergeräusche? Schleift etwas? „Sägt" die Maschine im Leerlauf? Sollte der Keilriementrieb Geräusche von sich geben, ist das unverdächtig. Selbst nach einem Wechsel des Riemens inklusive der kompletten Spannvorrichtung kann die Mechanik nach relativ kurzer Zeit wieder anfangen zu quietschen. Damit muss man dann leben. Wenn die Spannung okay ist und der Riemen optisch gut aussieht, muss man sich aber in der Regel keine Sorgen machen.

Dieser Sechszylinder hat schon einiges erlebt, was man ihm auch ansieht. Das ist unkritisch, solange die Kopfdichtung intakt ist und alle Schläuche und Leitungen dicht halten. Zu „versifft" sollte das Aggregat aber nicht sein. Bild: Autor

Während der Probefahrt: Ohren spitzen! Wummern die Räder oder summt es vernehmlich bei Kurvenfahrt? Entweder verkündet ein Radlager sein baldiges Ableben, die Achsgeometrie ist verstellt oder die Räder haben eine Unwucht. Nichts, was man nicht beheben könnte. Aber: Lange warten sollte man damit nicht. Hat der Wunschkandidat ein Automatikgetriebe, sollten die Schaltvorgänge sanft erfolgen (absolut ruckfrei ist die Automatik nicht) und die Schaltpunkte exakt eingehalten werden. Wenn Sie das Gefühl haben, dass der Wandler auffällig lange braucht, um die nächste Fahrstufe einzulegen, stimmt in der Regel etwas nicht. Dabei muss es sich nicht unbedingt um einen kapitalen Getriebeschaden handeln! Mitunter ist schlicht ein Wechsel des Getriebeöls und das Reinigen der Filtersiebe überfällig. Auch, wenn Vertragswerkstätten gerne erzählen, dass dies nicht nötig sei: doch, ist es. Der Wagen fährt danach garantiert komfortabler.

Wummern die Räder, summt es in Kurven vernehmlich? Radlager und Fahrwerk prüfen. Bild: Autor

Die Schaltboxen gelten generell als etwas hakelig, aber robust. Außerdem war die Streuung in der Serie groß. Es gibt Handschalter, deren manuelle Getriebe sich exakt bedienen lassen. Nur der Rückwärtsgang zeigt sich mitunter störrisch und benötigt etwas Gefühl. Mercedes-typisch gilt es, die Funktion der Fußfeststellbremse zu kontrollieren. Ihr Pedalweg sollte nicht allzu lang sein und sie sollte das Fahrzeug auch am Berg, ohne eingelegten Gang, sicher halten können. Ist das mal nicht so, lässt sie sich indes gut nachstellen, was selbst in einer Fachwerkstatt nicht teuer ist. Zu guter Letzt prüfen Sie bitte noch das Lenkspiel. Bei einem betagten Mercedes ist es in Maßen normal, dass es sich vergrößert. Übermäßig ausgeleiert wirken sollte die Lenkung aber nicht.

Die Automatik sollte sanft schalten und sich beim Einlegen der Fahrstufen nicht allzu viel Zeit lassen. Ein Getriebeölwechsel wirkt mitunter Wunder! Bild: Autor

8 Die wichtigsten Problemzonen

Einige der neuralgischen Punkte, die für die Zustands-Beurteilung entscheidend sind, wurden bereits im vorangehenden Kapitel erwähnt. Hier sind sie noch einmal zusammengefasst.

Karosserie allgemein:

Rost an und um die Wagenheberaufnahmen herum schwächt die Karosseriestruktur, da in den meisten Fällen bereits die Schweller befallen sind. Rost findet sich auch an den Rahmen von Front- und Heckscheibe. Sind die Scheiben bereits milchig-weiß umrandet, ist dies ein ziemlich sicheres Indiz für marode Rahmen. Kontrollieren Sie alle Türböden und Fensterrahmen unter den Dichtungen. Dort wütet der Rost im Verborgenen. Gut gedeihen kann er auch unter den Seitenbeplankungen („Sacco-Bretter"). Sind Rostblasen an der Oberkante der Beplankung zu erkennen, ist das Blech darunter mit hinüber. Checken Sie die Radläufe vorn und hinten sowie das „Kniestück" vor dem hinteren Radlauf und den Übergangsbereich Stoßfänger/Kotflügel vorn rechts. Fehlen die bananenförmigen Kunststoffabdeckungen im hinteren Radlauf, sind unbedingt die hinteren Seitenwände vom Kofferraum aus (Teppich entfernen) zu kontrollieren. Rost kann sich hier unbemerkt ausbreiten. Checken Sie auch den Bereich um den Antennensockel.

Rost um den Antennensockel ist zunächst nur ein kosmetisches Problem. Aber das Wasser kann in die Seitenwand laufen und dort ein zerstörerisches Feuchtbiotop bilden. Bild: Autor

Front:

Gibt es Steinschlagschäden auf Motorhaube, Frontmaske, Kühlergrill? Ist der Chromrand des Kühlergrills beschädigt? Sind Kunststofflamellen gebrochen? Fährt die Lasche zum Öffnen der Haube problemlos heraus? Ist der Kühlerstern vorhanden, schief oder abgebrochen? Wie sehen Reflektoren und Streuscheiben der Scheinwerfer aus? Ruheposition der beiden parallel laufenden Scheibenwischer überprüfen: Sie versenken sich vollständig hinter dem Rand der Motorhaube.

Heck:

Unterkante der Heckklappe und den Bereich um Griff, Kennzeichenleuchten und Schloss auf Rost kontrollieren. Funktionieren die Kennzeichenleuchten? Befindet sich das Warndreieck in seiner Halterung und ist die Halterung selbst intakt? Ist der Kofferraum feucht oder riecht er muffig? Teppich am Gepäckabteil anheben und den Zustand der Reserveradmulde kontrollieren: Ist sie verzogen oder finden sich auffallende Schweißnähte am Kofferraumboden? Bei Fahrzeugen mit Anhängerkupplung: Wie sieht der elektrische Anschluss aus? Bei Fahrzeugen mit Niveauregulierung: Steht das Heck in unbeladenem Zustand unnatürlich hoch? Eventuell sind die Druckspeicher defekt.

Motorraum:

Ist der Motor auffallend verdreckt oder zu sauber für seine Laufleistung? Beides ist verdächtig. Ein kleiner Ölfilm rund um den Öleinfüllstutzen ist normal, größere „Kleckereien" indes nicht. Ist das Kühlwasser ölig oder riecht es verbrannt? Ist der Deckel des Öleinfüllstutzens an seiner Unterseite schaumig oder weißlich-klebrig? Falls ja, könnte das auf eine veren-

Rost findet sich an der Heckklappe gern an der Unterkante, im Bereich der Griffleiste und rund um Schloss und Kennzeichenleuchten. Bild: Autor

Fahrzeuge mit Anhängerkupplung müssen nicht, können aber ein recht hartes Leben als Zugpferde hinter sich haben. Fragen Sie den Vorbesitzer. Bild: Autor

dete Zylinderkopfdichtung schließen lassen. Helle Flecken an Kühlschläuchen und am Kühler selbst können auf Flüssigkeitsverlust hindeuten. In welchem Zustand ist die Motorraumdämmmatte (eventuell Marderschaden etc.)? Sind alle Flüssigkeitsbehälter (besonders Brems- und Hydraulikflüssigkeit für Lenkung und Hinterachse) ausreichend befüllt, dicht und gibt es Nachweise über den jüngsten Wechsel? Gibt es lose Kabel oder Schläuche im Motorraum (Unterdruckschläuche der Zentralverriegelung rutschen gern ab)?

Innenraum:
Passt der Zustand des Innenraums zur genannten Laufleistung und zum Baujahr? Ist die türseitige Sitzwange des Fahrersitzes verschlissen? Lenkradkranz „glatt"? Pedale abgetreten, Schaltknauf abgegriffen? Schalter-, Tastersymbole abgewetzt? Beleuchtung der Armaturentafel funktionsfähig? Kontrollleuchten und Sonderfunktionen – etwa der aufpreispflichtige – Reiserechner oder der Überblendregler für Hecklautsprecher intakt? Wasserflecken am Dachhimmel (bei Fahrzeugen mit Schiebedach) oder im Fußraum?

In einen derart schmucken Innenraum steigt jeder gern ein. Ungepflegtes Leder bildet unschöne Risse und Falten und fühlt sich spröde an. Bild: MBIG e.V.

Unterboden:
Zustand aller Leitungen (Benzin-, Brems-, Hydraulikleitungen) prüfen. Bremsschläuche porös? Traggelenke, Querlenker, Vorderachsfedern und Achsaufnahmen ohne Befund? Hinterachslager sowie Stoßdämpfer intakt? Abnutzung von Bremsscheiben und Belägen sowie Profilbild und Alter der Reifen noch tolerabel? Hardyscheiben und Gelenkwelle prüfen. Zustand der Auspuffanlage und des Katalysators? Genereller Zustand des Unterbodens: kein auffallend dicker oder frischer Unterbodenschutz (falls doch, warum?).

Edle Clublounge: In diesem Fond lässt es sich aushalten. Auch auf Langstrecken. Aber nur, wenn die Sitzanlage so appetitlich aussieht wie in diesem Fahrzeug. Bild: MBIG e.V.

Die gesamte Vorderachskonstruktion muss ein ziemliches Gewicht aushalten. Überprüfen Sie deshalb Querlenker, Traggelenke, Federn und Achsaufnahmen. Bild: Mercedes-Benz AG

9 Realistische Bewertung

Vergeben Sie in den entsprechenden Kategorien je nach Zustand die entsprechende Punktzahl (1–4), während Sie den Wagen untersuchen. Dabei bedeuten:
++ (4 Punkte) perfekter Zustand
+ (3 Punkte) nahezu perfekter Zustand
o (2 Punkte) restaurierungs- bzw. reparaturbedürftiger Zustand
− (1 Punkt) schwere Mängel

Die Auswertung der Gesamtpunktzahl wird am Ende des Kapitels erklärt. Seien Sie bei der Beurteilung realistisch und lassen Sie sich nicht von der ersten Euphorie blenden, wenn Sie einem vermeintlichen Top-Auto gegenüberstehen – ein kühler Kopf kauft selten Schrott! Nehmen Sie sich Zeit und untersuchen Sie das Fahrzeug gründlich. Hektik und Nachlässigkeit werden meist mit teuren Reparaturen bestraft! Tipp: Nehmen Sie einen Magneten mit, um Spachtelstellen ausfindig zu machen. Eine Taschenlampe, ein Profiltiefenmesser, ein Schraubendreher und ein kleiner Spiegel sind ebenfalls nützliche Helfer.

Äußerer Zustand/Erster Eindruck

Zunächst sollten Sie eine Fahrzeugbesichtigung ausschließlich bei trockenem Wetter vornehmen. Nässe oder Schnee verfälschen den optischen Eindruck enorm. Wenn die Sonne scheint – noch besser! Dann umrunden Sie das Auto langsam und betrachten es aus allen Perspektiven genau. Steht der Wagen gerade oder hängt er an einer Ecke oder Achse auffallend herab? Ist er innen und außen sauber und in originalem Zustand? Riecht der Innenraum unangenehm oder ist er vergilbt und verdreckt? Hören Sie ruhig auf Ihr Bauchgefühl, der erste Eindruck ist oft der Richtige.

Radlaufchrom sollte Skepsis auslösen. Meist ist das Blech darunter nur noch torfartig. Bild: Autor

Typembleme und Sterne sind noch immer gern genommene Souvenirs. Glück hat, bei wem wenigstens nicht der Lack beschädigt wurde. Bild: Autor

Gammel an Radläufen fängt harmlos an, frisst sich unbehandelt aber gnadenlos weiter. Bild: C. Boucké

Links: Dieser Kotflügel ist praktisch fertig ...
Rechts: ... die Korrosion hat bereits die gesamte vordere Karosserieecke angegriffen. Da hilft nur Austausch.
Bilder: C. Boucké

Eine Fehlfarbe wie aus dem Bilderbuch: Mimosengelb mit Leder Olive, dafür aber ein 500er – diese Kombination ist so extrem rar, dass Sammler sich inzwischen die Finger nach solchen Kuriositäten lecken. Bilder: D. Busch

Farbkombination / Fehlfarben

++	+	o	–
4	3	2	1

Farbkombinationen sind bei der Baureihe 126 so eine Sache, es gab – aus heutiger Sicht – sehr skurrile Variationen. Viele davon haben überlebt und selbst die kurios-schwülstige Kombination aus Signalrot und Leder mittelrot rechtfertigt heute nicht mehr unbedingt einen Preisabschlag. Im Gegenteil: Um die so genannten Fehlfarben – wozu auch Beryll und das recht verbreitete Almandinrot zählen – formiert sich inzwischen eine eigene Fanszene. Der hier im Buch gezeigte '81er 500 SE in Mimosengelb mit Leder Olive ist auf jedem Treffen von den Fotografen umschwärmt. Es gilt: Wenn Ihnen die Farbe gar nicht gefällt, suchen Sie vielleicht lieber weiter. Der Markt hält (noch) ausreichende Vielfalt bereit.

Lack

++	+	o	–
4	3	2	1

Beim Lack eines mehr oder weniger deutlich über 25 Jahre alten Autos ist bei weitem nicht alles in Ordnung, was noch halbwegs glänzt. Bei der Suche nach Ihrem Traum-126er werden Ihnen schlampig ausgeführte Reparaturen und alte Unfallschäden, nur notdürftig verdeckende „Verkaufsduschen" genauso begegnen wie ordentliche und rostfreie Ersthandfahrzeuge, für die noch nie eine Nachlackierung erforderlich war.

Konzentrieren Sie sich bei der Begutachtung des Lacks vor allem auf Blasenbildung an Falzen, Kanten und Karosserieübergängen. Entdecken Sie solche Aufwürfe, gehen Sie davon aus, dass der eigentliche – und deutlich größere – Schaden dahinter verborgen ist. Je nachdem, an welchen Stellen Sie derartige Blasen entdecken, sollten Sie jemanden hinzuziehen, der sich mit Karosseriereparaturen auskennt und den Aufwand abschätzen kann. Schrammen und kleinere Macken können Sie dagegen unter Schönheitsfehlern abhaken und bei Gelegenheit beheben lassen.

Radläufe hinten und vorn sind typische Rostnester und bei der Besichtigung schnell kontrolliert. „Neidgravuren" im Lack (Rechts) sind sehr ärgerlich, lassen sich aber häufig mit „Smart-Repair"-Methoden beheben. Im günstigsten Fall poliert der Profi die Schramme in einem oder mehreren Arbeitsgängen weg, dann kostet die Instandsetzung oftmals keine 100 Euro. Reicht die Beschädigung bis aufs Blech, muss lackiert werden; am besten großflächig, um auffällige Farbunterschiede zum Originallack zu vermeiden. Bilder: Autor

Karosserie, vor allem Türen und Hauben

++ + o −
4 3 2 1

Betrachten Sie die Karosserie als Ganzes und denken Sie daran: Ungleiche Spaltmaße sowie hängende Türen und Hauben gab es bei der Baureihe 126 ab Werk nicht! Die Fahrzeuge waren sehr penibel montiert. Schlecht schließende Hauben und Türen sowie schiefe Passungen sollten daher stets Anlass für weitere Nachforschungen sein. Fast immer wird ein früherer Unfallschaden die Ursache sein, was man in jedem Fall für einen deutlichen Preisnachlass nutzen sollte.

Wenn der Rost bereits an der seitlichen Schutzbeplankung zu sehen ist, wird das Blech dahinter weitaus schlimmer dran sein. Um sicher zu gehen, sollten man das Plastik entfernen. Bild: H.-P. Lange

Derartige Spaltmasse gab es ab Werk nicht. Was ist der Grund für die zu hoch montierte oder eingestellte Beifahrertür? Bild: Autor

Ein kaputter Außenspiegel ist unschön, lässt sich aber rasch ersetzen. Eine so stümperhafte „Reparatur" kann nur eine Notlösung sein. Bild: Autor

Ausgeblichene Kunststoffe wie hier am Türgriff oder die fast unvermeidlichen „Schlüsselkratzer" drumherum sind kosmetische Mängel, die sich mit geeigneten Mitteln, etwa einem Kunststofftiefenreiniger und Farbauffrischer, beheben lassen. Bild: Autor

Bei Fahrzeugen, die viele Jahre im Autobahnbetrieb unterwegs waren, werden Steinschlagspuren rund um die Scheinwerfer und auf der Motorhaube vorhanden sein. Sind sie es nicht, könnte es sein, dass der Wagen neu lackiert wurde. Fragen Sie auch in diesem Fall nach dem Grund. Kratzer rund um Türschlösser und Griffe sind dagegen normal. Ist das Fahrzeug mit Radlaufchrom ausgerüstet, sollten Sie skeptisch werden. Die glänzenden Ziersicheln wurden geklebt, darunter kann sich Wasser und Schmutz gesammelt haben. Nicht selten bestehen die Radläufe darunter nur noch aus „Torf".

Unterboden

++ + o −
4 3 2 1

Wenn Ihnen bei der Besichtigung eine Grube oder Hebebühne zur Verfügung steht, sollten Sie von dieser Möglichkeit unbedingt Gebrauch machen! Halten Sie Schraubendreher, Taschenlampe und Spiegel bereit. Wo auf den ersten Blick alles prima aussieht, kann der werksseitig sehr dick aufgetragene und ungemein zähe Unterbodenschutz aus PVC viele Schäden sehr lange verstecken.

Fallen Ihnen also am Unterboden irgendwelche Ungereimtheiten auf – das können Bläschen oder Flugrost sein – sollten Sie an dieser Stelle vorsichtig drücken oder mit dem Schraubendreher klopfen. Mit an Sicherheit grenzender Wahrscheinlichkeit hat der Rost dort sein zerstörerisches Werk bereits begonnen und es wird knirschen. Das ist nicht immer ein Todesurteil für das betreffende Fahrzeug, jedoch gibt es einige neuralgische Punkte, an denen Reparaturen sehr aufwändig und damit kostspielig werden können.

Korrosion am verchromten Rahmen des Kühlergrills ist unschön. Bevor man die komplette Maske austauscht, lohnt ein Versuch mit Polierpaste oder ähnlichen Mitteln. Hilft das alles nichts mehr, weil die glänzende Oberfläche der Kühlermaske tiefgreifend oxidiert ist, hilft nur der Austausch. Hier hält der Gebrauchtmarkt (etwa im Internet) ordentliche Ware ab etwa 70 Euro bereit.
Bild: C. Boucké

Besonders ungepflegte Fahrzeuge können auch an untypischen Stellen, wie hier an der Schlossträgertraverse oberhalb des Scheinwerfers, gammeln. Schweißarbeiten sind hier schwierig, da die Bleche recht filigran sind und sich nicht verziehen dürfen. Sonst passt der Scheinwerfer hinterher nicht mehr richtig. Ein Fall für den Fachmann.
Bild: C. Boucké

Die Dämmmatte unter der Motorhaube ist geklebt. Mit den Jahren verflüchtigt sich der Kleber, und die Matte löst sich. Besser, man entfernt sie zunächst ganz, bevor sie mit beweglichen Teilen des Motors in Berührung kommt. Mancher TÜV-Prüfer erkennt in einer fehlenden Dämmmatte einen geringen Mangel, da sich die Geräuschemissionen des Fahrzeuges erhöhen. Es empfiehlt sich also, sie bei Gelegenheit zu ersetzen. Bild: C. Boucké

Dazu zählen unter anderem die Hinterachsaufnahmen. Achtung: Sind da Schäden vorhanden, ist das Fahrzeug nicht mehr verkehrssicher! In unmittelbarer Nähe finden sich die hinteren Wagenheberaufnahmen, die sich durch Öffnen der entsprechenden Plastikkappen in der Seitenverkleidung begutachten lassen. Vorn sehen Sie natürlich auch nach.
Sollten Rostschäden dort noch nicht allzu weit fortgeschritten sein, lassen sich marode Wagenheberaufnahmen vergleichsweise gut sanieren, es gibt Reparaturbleche. Günstig wird das allerdings nicht. Werfen Sie unbedingt auch einen Blick in alle Radhäuser – vor allem in die hinteren – und prüfen Sie, ob die bananenförmigen Innenradhäuser noch vorhanden sind. Falls nicht, ist Vorsicht geboten! Möglicherweise ist schon seit längerem Spritzwasser in die hinteren Seitenwände gelaufen und wird dort zu nicht unerheblichen Oxidationen geführt haben. Trauen Sie sich ein Urteil über den Zustand des Unterbodens alleine nicht zu, sollten Sie zur Besichtigung unbedingt einen Experten mitnehmen! Liegt untenherum etwas im Argen, können Reparaturen schnell den Zeitwert des Objektes übersteigen. Allerdings sollen Ihnen diese Zeilen auch keine Angst einjagen: Kaum ein Fahrzeug rostet an allen genannten Stellen gleichzeitig und gleich schlimm. Aber es ist wichtig zu wissen, worauf man sich einlässt.

Dichtungen

++ + o –
 4 3 2 1

Generell sollten Sie sich alle erreichbaren Dichtungen gut ansehen. Das gilt vor allem für die um Front- und Heckscheibe. Erkennen Sie Milchränder im Glas oder Rostbläschen auf Zierleisten rund um die Scheiben, ist die Dichtung ihrer Pflicht wohl schon länger nicht mehr nachgekommen und eine Reparatur mittelfristig unumgänglich – was vor allem bei der Instandsetzung der hinteren Scheibenrahmen bei Limousine und Coupé ordentlich ins Geld geht. Öffnen Sie auch im Motorraum die Flüssigkeitsbehälter und sehen sich deren Dichtungen an.

Stellen Sie das Fahrzeug unbedingt zur Begutachtung von unten auf eine Hebebühne oder über eine Grube. Der werksseitig aufgetragene Unterbodenschutz ist sehr zäh und kann Schäden lange verdecken. Bild: H.-P. Lange

Links: Hier sieht der untere Rand der Heckscheibe noch sehr gut aus. Es gibt Fahrzeuge, bei denen sieht man an dieser Stelle vor lauter Rost keinen Lack mehr. Dann heißt es: Finger weg!

Rechts: Der Heckscheibenrahmen ist unbedingt auch von unten zu kontrollieren. Hier der Blick auf die Unterseite der Hutablage. Bild: Autor

++	+	o	–
4	3	2	1

Kühlsystem

Den Zustand des Kühlers können Sie recht schnell beurteilen. Wenn Sie die Motorhaube öffnen, steht er frei vor Ihnen. In welchem Zustand sind die Lamellen? Sehen Sie auffällige Kühlmittelspuren – meist weißlich – auf Lamellen oder an den Rändern? Welche Farbe hat das Kühlmittel? Ist es stark dunkel verfärbt? Riecht es ölig oder verbrannt? Ist ausreichend Kühlmittel im Ausgleichsbehälter?

++	+	o	–
4	3	2	1

Beleuchtung

Prüfen Sie die Funktion aller Leuchten einschließlich Scheinwerfer, Rückleuchten, Blinker, Brems- und Nebellampen. Auch die Kennzeichenleuchten an der Heckklappe sollten funktionieren, andernfalls notiert das der Prüfer in der Hauptuntersuchung als Mangel.

Sind die Scheinwerfer dicht und klar, die Reflektoren sauber? Bei Importfahrzeugen (etwa aus Japan): Sind die Scheinwerfer auf europäischen Standard, also auf Rechtsverkehr umgerüstet? Bild: Autor

Die gerippten Rückleuchtengläser sind nicht nur markant, sondern auch enorm praktisch. Die strukturierte Oberfläche verhindert übermäßige Verschmutzung. Bild: Autor

++	+	o	–
4	3	2	1

Scheibenwischer

Abgesehen vom Zustand der Wischergummis (Rissig? Hart?), die man im Zweifel schnell ersetzen kann, ist bei der Baureihe 126 vor allem die korrekte Funktion der Wischer zu prüfen. In Betrieb laufen sie exakt parallel, in Ruhe versenken sie sich vollständig hinter dem Rand der Motorhaube.

++	+	o	–
4	3	2	1

Scheibenwaschanlage

Prüfen Sie Zustand und Funktion von Scheiben- und Scheinwerferwaschanlage. Bei vielen Fahrzeugen ist sie beheizt (erkennbar am „Tauchsieder" im Flüssigkeitsbehälter). Probleme damit sind nicht bekannt, aber auch die Wischwasserheizung sollte funktionieren.

In Ruheposition liegen die Scheibenwischer versenkt hinter der hochgezogenen Motorhaubenkante. Das hat vor allem aerodynamische Vorteile. Bild: Autor

Die kleinen Wischer der optionalen Scheinwerferwaschanlage werden gern vernachlässigt. Dabei sind sie sehr nützlich. Bild: Autor

Schiebedach

Viele 126er sind ab Werk mit einem Schiebedach ausgestattet worden. Prüfen Sie dessen Funktion, indem Sie es mehrfach öffnen und schließen. Läuft es leise, ruckfrei und in angemessener Geschwindigkeit auf seinen Laufschienen? Klappt der Windabweiser aus? Lässt es sich aufstellen? Sehen Sie sich den Zustand der Laufschienen bei geöffnetem Dach von außen an? Ist die Dachkassette sauber, laubfrei und frei von öligen Schlieren? Sind die Ablaufkanäle frei (dies können Sie mit einem Stück Draht oder einer alten Tachowelle prüfen)? Zeigt der Innenhimmel rund um die Dachöffnung Stockflecken oder ist er sauber? Schauen Sie sich auch den Schiebedachdeckel von außen an. Schleifspuren im Lack können darauf hindeuten, dass die so genannten Hubwinkel ihr baldiges Ableben ankündigen. Oder sie wurden bereits einmal ersetzt und die Werkstatt hat das Dach nach der Reparatur nicht korrekt justiert.

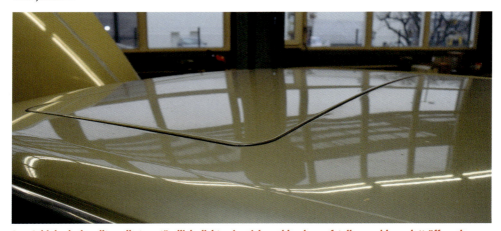

Das Schiebedach sollte selbstverständlich dicht sein, sich problemlos aufstellen und komplett öffnen lassen. Die so genannten Hubwinkel sind markentypische Verschleißteile und mit Sicherheit irgendwann einmal fällig. Originalersatz ist sehr teuer, der Austausch erfordert präzises Arbeiten, um die Dachhaut nicht zu beschädigen. Viele sparen sich eine Reparatur und lassen das Dach stilllegen. Schade drum. Bild: Autor

Fensterheber (mechanisch und elektrisch)

++ + o –
4 3 2 1

Überprüfen Sie die Funktion aller Fensterheber. Bei den guten alten Kurbelhebern reißt zuweilen der Seilzug (gern an der Fahrertür), bei elektrischen Fensterhebern ist im günstigsten Fall einfach nur eine Sicherung defekt. Ist ein Schalter selbst defekt, ist das auch kein Beinbruch.

Zentralverriegelung (Unterdruck)

++ + o –
4 3 2 1

Die Zentralverriegelung wird per Unterdruck gesteuert. Das erkennen Sie daran, dass niemals alle vier Türen wirklich zeitgleich öffnen und schließen, es gibt immer einen leichten Zeitversatz. Wichtig ist, dass sie öffnen und schließen! Auch das Heckklappenschloss und die Tankklappe werden von der Zentralschließung ver- und entriegelt. Überprüfen Sie, ob das funktioniert. Bleiben einzelne Portale verschlossen oder öffnen auffallend langsam, liegt das zumeist an einem Druckverlust im System, oft ist lediglich ein Unterdruckschlauch undicht oder abgerutscht. Ganz selten ist die Unterdruckpumpe defekt.

Glas (Steinschläge, Milchränder)

++ + o –
4 3 2 1

Überprüfen Sie vor allem die Windschutzscheibe auf Schäden (Steinschlagkrater, Risse) im Sichtbereich. Die wird der TÜV auf gar keinen Fall tolerieren. Sie sollten klären, ob der Vorbesitzer noch einen Austausch der Scheibe vornehmen lässt oder ob Sie dies tun müssen. Da können Sie handeln! Milchränder um Front- oder Heckscheibe deuten auf Undichtigkeiten des Rahmens hin, denen man bald auf den Grund gehen sollte. Ein schmaler Milchrand wird in der Hauptuntersuchung meist noch toleriert, allerdings als geringer Mangel vermerkt.

Bei der S-Klasse gibt es keine „Leerschalter", die vielen Funktionen eines derart gut ausgestatteten Fahrzeugs sollten Sie alle durchprobieren!
Bild: Mercedes-Benz AG

Prüfen Sie, ob die Zentralverriegelung wirklich alle Türen öffnet und schließt. Falls nicht, liegt das fast immer an Undichtigkeiten im Unterdrucksystem.
Bild: Mercedes-Benz AG

Hat die Windschutzscheibe am äußeren Rand milchige Eintrübungen, hat das Verbundglas Wasser gezogen. Bei einem Austausch sollte auch der Zustand des Scheibenrahmens kontrolliert werden. Bild: Autor

Dass diese Windschutzscheibendichtung ihrer Aufgabe nicht mehr gerecht wird, ist offensichtlich. Weg damit! Bild: C. Boucké

Achten Sie bei Felgen und Reifen auf Originalität und Alter. Man mag es kaum glauben, aber viele 126er wurden in der Tat ab Werk mit schmucklosen Plastikradkappen ausgeliefert, die immerhin aufpreisfrei waren und sich im Design in Serie 1 (oben links) und 2 (oben rechts) unterschieden. Auch die optional erhältlichen Leichtmetallräder (hier in 14-Zoll-Ausführung der 1. Serie) bekamen ihr „Kanaldeckeldesign" erst in der 2. Serie der Baureihe. Achten Sie auf Beschädigungen vor allem am Felgenhorn! Räder aus dem Zubehör (unten rechts) sollten unbedingt über eine für das jeweilige Fahrzeug geltende ABE verfügen.
Bilder: o.r.: H.-P. Lange; restliche: Autor

Reifen und Felgen

++ + o −
 4   3   2   1

Prüfen Sie zunächst – vor allem, wenn welche aus dem Zubehör montiert sind – ob die Räder für das Modell zugelassen sind. Lassen Sie sich Unterlagen (ABE, TÜV-Eintragung) zeigen. Überprüfen Sie das Alter (DOT-Nummer) und die Profiltiefe sowie das Laufbild der Reifen. Sind sie ungleich abgefahren, kann eine Justierung der Achsgeometrie erforderlich sein. Sehen Sie sich den äußeren Rand der Felgen (Felgenhorn) an. Gibt es Beschädigungen, die von Bordsteinkanten herrühren können? Übrigens haben originale Mercedes-Benz-Leichtmetallfelgen keine eingeschlagene KBA-Nummer!

Radhäuser/Verkleidungen

++ + o −
 4   3   2   1

Nehmen Sie am besten eine Taschenlampe zur Hand und leuchten Sie in alle vier Radhäuser. Sind alle Verkleidungen vorhanden? Wie sieht es rund um die Gummistopfen in den Radhäusern aus, die den Innenradlauf abdichten? Rostspuren um den Gummistopfen sind ein Warnsignal! Sind die „Bananen" in den hinteren Radläufen vorhanden?

Radlager/Antriebswellen/Traggelenke

++ + o −
 4   3   2   1

Liegt dort ein Schaden vor, stellen Sie ihn spätestens auf der Probefahrt fest. Defekte Radlager, Antriebswellen oder Traggelenke machen lautstark auf sich aufmerksam. Mahlende, kreischende Geräusche insbesondere bei Kurvenfahrt, kündigen das baldige Ende eines oder mehrerer Radlager an. Traggelenke ächzen und knarzen beim Einfedern des Vorderwagens erbärmlich. Reparaturen sind Routine – Ersatzteile in unterschiedlichsten Qualitätsstufen recht günstig – und kosten kein Vermögen, sollten aber nicht aufgeschoben werden.

Niveauregulierung (Druckspeicher Hinterachse)

++ + o −
 4   3   2   1

Die Niveauregulierung war optional erhältlich. Im Alter sind defekte Druckspeicher an der Hinterachse recht häufig. Steht das Heck des Wagens auffallend hoch und springt die Hinterachse während der Probefahrt, sind mit großer Gewissheit die Druckspeicher defekt, nur ganz selten die Stoßdämpfer. Ersatz ist im freien Zubehör – auch von Markenherstellern wie Lemförder (Mercedes-OEM) und Bilstein – nicht teuer, ein Austausch in der Werkstatt auch nicht. Nur, wenn Ihnen diese unbedingt den Austausch der hinteren Stoßdämpfer gleich mitverkaufen will, geht das ziemlich ins Geld. Ein Tausender ist da schnell versenkt! In diesem Fall sollten Sie sich eine zweite Meinung einholen.

Lenkung

++ + o −
4 3 2 1

Die Modelle der Baureihe 126 verfügen über eine Kugelumlauf-Servolenkung. Sie arbeitet sehr leichtgängig, ein etwas indirektes Lenkgefühl ist systemimmanent. Im Alter vergrößert sich das Lenkspiel, sollte aber nicht zu groß werden. Eine Fachwerkstatt kann das Lenkgetriebe in einem gewissen Rahmen nachjustieren.

Das Lenkrad im Schiffsruderformat vermittelt recht indirekten Kontakt zur Straße. Bekommt die Lenkung im Alter Spiel, verstärkt sich der Eindruck noch. Bild: D. Busch

Bremssättel und -klötze

++ + o −
4 3 2 1

Schlagen Sie zur Sichtprüfung der Bremsanlage die Vorderräder zur einen und dann zur anderen Seite ein. So bekommen Sie (relativ) freien Blick auf Bremssättel- und Beläge. Diese sollten eine Mindeststärke von 2 bis 3 Millimetern aufweisen, wobei dies dann auch der so genannten Abfahrgrenze entspricht.

Bremsscheiben

++ + o −
4 3 2 1

Einen vernünftigen Eindruck der Bremsbeläge bekommen Sie nur nach Demontage der Räder. Bei der ersten Begutachtung des Wunschfahrzeuges sollten Sie aber zumindest durch die Öffnung der Felgen hindurch abtasten, ob sich die Bremsscheibe riefig oder wellig anfühlt. Fahren Sie mit den Fingerspitzen über den Rand der Bremsscheibe. Je besser Sie einen deutlich hochstehenden Rand ertasten können, desto dringender ist ein Austausch der Bremsscheibe.

Fußfeststellbremse

++ + o −
4 3 2 1

Die Feststellbremse im Fußraum leidet oft unter Vernachlässigung, gerade bei Fahrzeugen mit Automatikgetriebe. Steht der Wählhebel auf „P", benutzt sie kaum jemand. Das kann sich rächen. Spätestens, wenn sie festgeht und der TÜV unzureichende Funktion bemängelt. Prüfen Sie also, wie sich die Feststellbremse bedienen lässt. Lässt sie sich mit einem deutlich vernehmbaren mechanischen Geräusch lösen? Wie lang ist der Pedalweg? Hält sie den Wagen auch ohne eingelegten Gang sicher?

Das Stiefkind im Fußraum: Nichtbenutzung bestraft die Fußfeststellbremse spätestens bei der Hauptuntersuchung, wenn sie festgegangen ist. Bild: Autor

Blick in den Motorraum

++ + o −
4 3 2 1

Öffnen Sie die Motorhaube mittels der Plastiklasche, die bei der Entriegelung aus dem Kühlergrill hervorspringt. Stellen Sie die Haube auf und schauen Sie, ob sie sich im steilen Öffnungswinkel sicher verriegeln lässt. Prüfen Sie, ob sich alle Komponenten im Originalzustand befinden oder ob Zubehörteile von Drittanbietern (etwa Sportluftfilter) verbaut wurden. Welchen Eindruck macht das Aggregat auf Sie? Gibt es auffällige Verölungen oder weiße Flecken, die auf ausgelaufenes oder übergekochtes Kühlmittel hinweisen? In welchem Zustand ist der Keilriemen? Gibt es auffällige Laufgeräusche (Klappern, Rasseln)? Lassen Sie sich nicht von frisch gesäuberten Aggregaten blenden! Ein betagter Motor darf nach Arbeit aussehen, er sollte allerdings keine Undichtigkeiten aufweisen.

Tankklappe und Kofferraum

++ + o −
4 3 2 1

Die Tankklappe wird über die Zentralverriegelung ver- und entriegelt. Zuweilen kommt es vor, dass sie trotz geöffneter Türen verschlossen bleibt. Dann müssen Sie die Zentral-

**So sieht ein Motorraum aus, dem man seine Laufleistung abnehmen kann. Nicht zu sauber, nicht zu schmutzig, ohne sichtbare Leckagen.
Bild: H.-P- Lange**

Da regelt nix mehr: Abgerissene Schlauchleitung am nachgerüsteten Kaltlaufregler, der so natürlich praktisch funktionslos ist. Manche Kenner raten von der Nachrüstung ab, da solche Motoren häufig schlechtes Warmlaufverhalten zeigen. Bild: C. Boucké

schließung drucklos schalten (meist über eine Vorrichtung im Kofferraum, die Betriebsanleitung gibt darüber Auskunft) und können die Klappe öffnen. Sehen Sie nach, ob der werksseitig angebrachte Aufkleber mit Informationen zur Kraftstoffqualität und zum Reifenfülldruck vorhanden ist.

Welchen Eindruck macht der Kofferraum? Ist er sauber oder stark verschmutzt, ist die (sehr hochwertige) Auslegeware unbeschädigt? Überprüfen Sie auch Zustand und Vollständigkeit des Bordwerkzeuges und des Verbandkastens, auch Ersatzrad und Warndreieck sind einen Blick wert. Halten Sie außerdem Ausschau nach Anzeichen von Wassereinbruch (Flecken).

Batteriezustand

++ + o –
4 3 2 1

Um den Zustand der Batterie zu überprüfen, benötigen Sie ein Multimeter. Im Leerlauf sollte es – an beide Batteriepole angeschlossen – einen Wert zwischen 13,8 und 14,2 Volt Gleichspannung anzeigen. Bei abgestelltem Motor etwa 12,4 bis 12,6 Volt. Ist der Anzeigewert bei abgestelltem Motor deutlich niedriger als 12,4 oder gar 12 Volt, sollte die Batterie ausgetauscht werden.

Wassereinbrüche

++ + o –
4 3 2 1

Überprüfen Sie den gesamten Innenraum (Teppiche, Sitze) auf Wasserflecken. Fühlen Sie in allen Türtaschen nach Feuchtigkeit und heben Sie im vorderen Fußraum auch einmal den Bodenteppich an. Die „Saugprobe" mit einem Taschentuch kann weiteren Aufschluss geben. Saugt es sich voll oder wird es klamm, besteht Handlungsbedarf.

Pressen Sie ein Papiertaschentuch auf den Teppich und schauen Sie auch unter die Auslegeware. So prüfen Sie, ob sich Feuchtigkeit im Wagen befindet. Bild: Autor

Innenraum

++	+	o	−
4	3	2	1

Da ist wieder ein ganzheitlicher Eindruck wichtig. In welchem Zustand befinden sich Sitze, Teppiche, Verkleidungen, Tasten, Knöpfe, Lenkrad, Schalthebel, Dachhimmel? Riecht es muffig? Ist alles original oder vom Vorbesitzer (oder den Vorbesitzern) partiell verändert worden (Lenkrad, Sitze, Audioanlage)? Dünn gewordener oder teilweise aufgerissener Stoff an der vorderen linken Sitzwange tritt beim 126er so häufig auf, dass vollkommen unbeschädigte Fahrersitze mit Stoffbezug fast die Ausnahme sind und nicht unbedingt einen Rückschluss auf die Beanspruchung des Innenraums insgesamt zulassen.

Leder (vor allem das der 1. Serie), Velours und das selten georderte „Amaretta" – ein Bezugsstoff, der Alcantara ähnelt – können die Jahrzehnte sogar weitgehend unbeschadet überstanden haben. Überprüfen Sie den Verstellmechanismus der Sitze (mechanisch und elektrisch), einschließlich der Lordosenstütze (in der 1. Serie noch mit skurril anmutendem „Luftpumpe-Ball") sowie alle Taster und Schalter auf Funktion. Funktioniert die Innenbeleuchtung und schaltet sie sich auch wieder ab?

Der Zustand der Sitze sagt viel über das Verhältnis der Vorbesitzer zum Thema Pflege aus. Während das braune Interieur sichtlich verlebt, verfärbt und teilweise gerissen ist, präsentiert sich der blau-graue Beifahrersitz in sehr schönem Erhaltungszustand. Allerdings sieht man Velourspolstern ihr wahres Alter ohnehin erst sehr spät an. Bilder: H.-P. Lange

Die üppige Furniervertäfelung der Mittelkonsole kann im Alter rissig und stumpf werden; vor allem wenn das Fahrzeug steter Sonneneinstrahlung ausgesetzt war, lässt sich das kaum verhindern. Die kleine Sonnenblende über dem Innenspiegel ist im Alltag enorm hilfreich, und sie sollte auch vorhanden sein. Natürlich sind die Kopfstützen in der Höhe verstellbar, allerdings sollte der Mechanismus einigermaßen geschmeidig funktionieren. Bilder: H.-P. Lange (2), Mercedes-Benz AG

**Links: Highend-Fond: Hier hat der Erstbesitzer bei der Bestellung eine Menge Kreuze gemalt. Wenn alles sauber ist und funktioniert: umso besser!
Rechts: Risse in der Armaturentafel sind bei blauen, roten, grünen und braunen Innenausstattungen nach weit über 20 Jahren nicht selten. Bei schwarzen Polsterungen kommt das hingegen kaum vor.
Bilder: H.-P. Lange**

Das Coupé ist ein Viersitzer, hinten finden sich zwei komfortable Einzelsitze.

Der Zugang zum Fond ist so großzügig bemessen, dass man ohne Verrenkungen durchsteigen kann.

Das höhenverstellbare Lenkrad gab es auch in elektrisch betriebener Version.

Der gut beleuchtete Kosmetikspiegel reicht auch für das große Make-Up und ist ein gesuchtes Gebrauchtteil. Bilder: Mercedes-Benz AG

Lenkrad und Hupe

++	+	o	–
4	3	2	1

Macht das Lenkrad einen abgegriffenen, glatten (genarbter Kunststoffbezug) oder speckigen (Lederlenkrad) Eindruck? Funktioniert die Hupe?

Lenkstockhebel

++	+	o	–
4	3	2	1

Der multifunktionale Lenkstockhebel, der neben dem Blinker auch das Fernlicht, die Scheibenwischer und die Wischwasserfunktion auslöst, sollte man in all seinen Funktionen überprüfen. Ersatz ist recht teuer.

Instrumente

++	+	o	–
4	3	2	1

Die Instrumente des 126ers sind nicht für Probleme bekannt. Selbst der optionale Reiserechner – kein gar so simples Feature – fällt nicht unangenehm auf. Achten sollten Sie allerdings darauf, ob die Instrumentenbeleuchtung – auch die der Heizungs- und Lüftungsregelung in der Mittelkonsole – funktioniert, die Lämpchen fallen gerne aus. Ersatz ist günstig – es handelt sich um einfache Stecksockelbirnchen – zu bekommen und ein Austausch für versierte Selbermacher kein Problem. Tipp: Besorgen Sie sich beim Vertragshändler oder im Internet das originale MB-Ausziehwerkzeug mit T-Griff (Teilenummer: 140 589 02 33 00)!

Warnleuchten

++	+	o	–
4	3	2	1

Mercedes-Benz schrieb einst den Austausch der Airbageinheit alle 10 bis 15 Jahre vor, nahm diese Anweisung aber später zurück. Bild: Mercedes-Benz AG

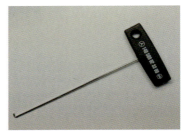

Das originale Mercedes-Benz-Ausziehwerkzeug für die Demontage des Kombiinstruments ist eine wertvolle Hilfe – und nicht teuer. Bild: Autor

Um zu wissen, welche Warnleuchten der W 126 hat, ist es wichtig, über die Ausstattung des jeweiligen Fahrzeuges Bescheid zu wissen! Lesen Sie auch in der Betriebsanleitung nach, was die unterschiedlichen Warnleuchten zu bedeuten haben. Schalten Sie die Zündung ein, ohne den Motor anzulassen, dann leuchten alle relevanten Lampen auf oder sollten es tun. Beim hierzulande extrem raren Diesel die Warnlampe der Vorglühanlage (ganz rechts) kontrollieren, sie sollte nach wenigen Sekunden erlöschen.

Ein Kuriosum beim 126er ist, dass ein Aufflammen der ABS-Kontrollleuchte nicht immer auf einen Fehler des entsprechenden Systems hinweist. Manchmal leuchtet sie auch auf, wenn die Bordspannung zu niedrig ist. Halten Sie an, schalten Sie den Motor aus und wieder ein. Erlischt die ABS-Lampe nach wenigen Augenblicken, ist das Antiblockiersystem selbst in Ordnung. Im Zweifelsfalle ist es natürlich besser, das System kontrollieren zu lassen.

Im Alter leuchten die meisten Kontrolllampen nicht mehr ganz so intensiv, funktionieren sollten sie aber dennoch alle. Der Reiserechner (r.) ist ein unter Fans sehr beliebtes Ausstattungsmerkmal. Bild: Mercedes-Benz

Radaufhängung

++ + o −
[4] [3] [2] [1]

Die Radaufhängungen gelten als robust. Vorsicht ist geboten, wenn ein Fahrzeug verändert, beispielsweise tiefer gelegt oder mit extrem breiter Bereifung versehen wurde. Wenn Sie den Kauf eines solchen Autos in Erwägung ziehen, sollten Sie die Radaufhängungen in einer Werkstatt überprüfen lassen.

Auspuff

++ + o −
[4] [3] [2] [1]

Klar: Undichtigkeiten an der Auspuffanlage sieht und hört man. Sollte das der Fall sein, muss man nicht nervös werden, selbst hochwertiger Ersatz ist im Grunde bezahlbar. Eine komplette Auspuffanlage für die Achtzylinder, insbesondere für den 5,6-Liter, ist dagegen durchaus eine größere Investition. Wurden Veränderungen vorgenommen (Sportauspuffanlage), sollte man sich vergewissern, dass der Umbau eingetragen ist und korrekt durchgeführt wurde. Lassen Sie sich die Unterlagen zeigen.

Achten Sie darauf, ob die serienmäßige Auspuffanlage verbaut ist. Falls nicht, sollte eine ABE vorliegen. Bild: Autor

Ölaustritte

++ + o −
[4] [3] [2] [1]

Ob ein Auto öldicht ist, kontrollieren Sie am besten nach der Probefahrt. Stellen Sie das betriebswarme Fahrzeug auf ebenem Grund ab und legen Sie ein Stück Pappe unter den Motor. Da sollte nichts tropfen. Ansonsten sehen Sie sich den Motor genau an.

Kühlwasserverlust

++ + o −
[4] [3] [2] [1]

Schauen Sie vorn unter das Auto, ob Kühlwasser austritt. Helle Flecken an den äußeren Teilen des Kühlsystemes (Schläuche, Schlauchschellen) können auf frühere Undichtigkeiten hinweisen.

Zustand aller Flüssigkeiten

++ + o −
[4] [3] [2] [1]

Bewerten Sie den Zustand und das Alter aller Flüssigkeiten anhand idealerweise vorliegender Wartungsunterlagen oder entsprechender Zettel im Motorraum. Sollte eines der Betriebsmittel auffallend dunkel sein – mit Ausnahme des Motoröls – gehört es mit Sicherheit ausgetauscht. „Schwarzes" Kühlmittel oder Bremsflüssigkeit ist nicht normal!

Ölverlust aus der Kraftübertragung

++ + o −
[4] [3] [2] [1]

Auch Getriebe und Differenzial können undicht werden. Achten Sie nach der Probefahrt auf frische feuchte Stellen.

Probefahrt

++ + o −
[4] [3] [2] [1]

Eine ausgiebige Probefahrt sollten Sie sich nicht ausreden lassen! Es gibt Händler, aber auch

Privatleute („Bei dem ist doch alles in Ordnung" – „Sie dürfen ihn fahren, wenn Sie ihn danach kaufen"), die das mit dubiosen Ausreden verhindern oder Sie unter Zeitdruck setzen wollen. Fahren Sie das Auto möglichst abwechslungsreich durch die Stadt, über eine Landstraße und ein Stück Autobahn. Probieren Sie alle Funktionen aus, schalten Sie das Getriebe durch, bremsen Sie auch einmal stärker. Und vor allem: Setzen Sie auf Ihre Sinne! Hören Sie genau zu, ob Ihnen etwas verdächtig scheint. Riechen Sie, ob etwas ungewöhnlich ist. Schauen Sie auf Anzeigen und Kontrollleuchten. Vertrauen Sie Ihrem „Popometer" – wie liegt der Wagen, wie fühlt er sich an?

Links: Die Probefahrt sollten Sie auf Straßen unterschiedlicher Qualität unternehmen. Achten Sie auf Geräusche aus dem Fahrwerk.

Rechts: Das müssen Sie nicht unbedingt nachmachen. Ob das Testfahrzeug in der Spur bleibt, lässt sich auch unter Normalbedingungen ausprobieren.

Wer es ganz genau wissen will

Ein Vorbesitzer, der von seinem Fahrzeug überzeugt ist, wird sicher nichts dagegen haben, wenn Sie das Auto von einem unabhängigen Gutachter überprüfen lassen wollen. Viele Werkstätten, Automobilclubs und Prüforganisationen bieten einen Gebrauchtwagen-Check an. Natürlich gibt es den nicht kostenlos, und der Verkäufer wird die Kosten kaum übernehmen wollen. Sie sollten sich also relativ sicher sein, dass es sich bei dem besichtigten Exemplar um „Ihr" nächstes Auto handelt. Unterm Strich ist solch ein professionelles Urteil für beide Seiten ein Gewinn.

Auswertung
Addieren Sie nun alle Punkte

152 Punkte = Hervorragend, dieses Fahrzeug garantiert Wertzuwachs

115 bis 151 Punkte = Gut bis sehr gut, dieses Fahrzeug können Sie bedenkenlos kaufen

77 bis 114 Punkte = Durchschnitt bis gut, aber wo liegen die gefundenen Probleme?

39 bis 76 Punkte = Unterdurchschnittlich bis mittelmäßig. Überlegen Sie sich den Kauf gut.

38 Punkte und weniger = Hier sind einige Investitionen erforderlich. Wenn der Preis besonders günstig ist und Sie handwerkliche Fähigkeiten besitzen, können Sie es wagen. Sonst lieber nicht. Die Totalrestaurierung eines W 126 lohnt (noch) nicht, es gibt genügend gute Exemplare.

10 Auktionen – ein anderer Weg zum Traumwagen

Pro und Kontra
Pro: Die Preise sind im Allgemeinen niedriger als bei Händlern oder privaten Verkäufern und man kann möglicherweise ein echtes Schnäppchen machen. Professionelle Versteigerer haben zumeist alle Formalitäten mit dem Verkäufer erledigt.

Kontra: Man muss allein der Beschreibung im Katalog vertrauen. Die Möglichkeiten zur Überprüfung sind begrenzt und eine Probefahrt ist nicht möglich. Auktionsmodelle sind oft in einem unterdurchschnittlichen Zustand und verlangen nach zusätzlichen Reparaturen.

Welche Auktion?
Die Veranstaltungen der etablierten Auktionshäuser werden in Automobilmagazinen oder auf den Internetseiten der Unternehmen angekündigt. Der Katalog oder eine einfache Aufstellung der zum Aufruf kommenden Modelle ist erst kurz vor der Auktion erhältlich. Allerdings veröffentlichen die Unternehmen ihre Angebote auch schon früher auf ihren Internetseiten. Nehmen Sie Kontakt mit dem Auktionshaus auf, um die Ausrufpreise zu erfahren. Details der bereits gelaufenen Auktionen sind zumeist im Netz zu erfahren und ein guter Indikator.

Katalog, Eintrittsgelder und Zahlungsmodalitäten
Der Katalog fungiert oftmals auch als Eintrittskarte für zwei Personen während der Besichtigungstage und für die Auktion selbst. Die Angaben in den Katalogen sind zumeist kurz und knapp, enthalten aber in der Regel Angaben über die Zahl der Besitzer, den Kilometerstand und die Wartungsgeschichte des Wagens. Der angegebene Ausrufpreis gibt eine erste Andeutung, in welchen Kategorien man sich bewegt, und gleichzeitig werden im Katalog auch die verschiedenen Zahlungsformen sowie das verlangte Aufgeld angegeben. Zumeist verlangt der Auktionator Barzahlung, es sind aber auch andere Modalitäten wie Zahlung mit Kreditkarte oder mittels eines von der Bank bestätigten Schecks möglich. Kein Fahrzeug wird herausgegeben, bevor nicht alle Zahlungsmodalitäten geklärt sind. Bei Verzögerungen kann der Auktionator Lagergebühren verlangen.

Aufgeld
Bei der Kalkulation darf man unter keinen Umständen das Aufgeld vergessen. Daneben können noch andere Steuern fällig werden.

Besichtigung
Bei den meisten Auktionen ist vorab eine Besichtigung der Wagen möglich. Hilfskräfte des Auktionators sind dabei durchaus bereit, die Motor- oder Kofferraumhaube zu öffnen und sie werden es auch zulassen, dass man den Innenraum besichtigt. Der Motor kann zwar gestartet werden, eine Probefahrt ist aber absolut ausgeschlossen. Man darf den Wagen auch von unten überprüfen, aber mit Sicherheit wird man die Bitte, den Wagen auf eine Bühne zu stellen, ablehnen. Man kann allerdings die wichtigsten Dokumente einsehen.

Bieten
Bevor man sich an einer Auktion beteiligt, sollte man sich unbedingt über sein persönliches Höchstgebot im Klaren sein und – auch wenn es mitunter schwer fallen mag – dabei bleiben.

Bis das begehrte Auto aufgerufen wird, vergeht meistens einige Zeit, die man nutzen kann, um die anderen Bieter zu beobachten. Ist der anvisierte Wagen an der Reihe, sollte man die Aufmerksamkeit des Auktionators auf sich ziehen indem man ein frühes Gebot abgibt. Der Auktionator wird dann immer zu Ihnen blicken, um eine Reaktion auf ein Gebot zu bekommen. Zumeist wird in genau definierten Schritten gesteigert, was sich erst ändern kann, wenn die Gebote langsamer kommen. Dann werden auch kleinere Schritte akzeptiert. Wenn man sich aus dem Gebotgefecht verabschieden will, sollte man dies dem Auktionator unmissverständlich signalisieren – ein deutliches Kopfschütteln sollte reichen.

Bei einem erfolgreichen Gebot notiert sich der Auktionator die Nummer Ihrer Karte, und von nun an sind Sie für den Wagen verantwortlich.

Wird der Wagen nicht verkauft, weil er schlicht kein ausreichendes Interesse fand oder unter dem Ausrufpreis blieb, gibt es immer noch die Möglichkeit, mit dem Besitzer – unter Vermittlung des Auktionators – direkt zu verhandeln.

Erfolgreiches Gebot

Bereits im Vorfeld sollte man sich für diesen Fall ein paar Gedanken gemacht haben. Wie wird der Wagen nach Hause transportiert und welche Versicherung wird dafür benötigt? Die Versicherungsfrage sollte man auf jeden Fall bereits vor der Auktion geklärt haben. Ist der Wagen nicht fahrbereit: Kann man ihn auf einem Anhänger transportieren oder muss man die Aufgabe an ein qualifiziertes Unternehmen delegieren? Das Auktionshaus verfügt zudem ebenfalls über entsprechende Adressen.

eBay und andere Internet-Auktionen

Bei eBay und anderen Internet-Auktionshäusern kann man durchaus für einen günstigen Preis an seinen Traum-Klassiker kommen, doch sollte man nicht auf eine vorangehende gründliche Untersuchung des Wagens vor Ort verzichten. Die meisten Anbieter ermutigen die Interessenten sogar ausdrücklich dazu. Bei eBay wird stets der Standort des Wagens genannt, sodass man sich ein Angebot in erreichbarer Nähe aussuchen kann. Seien Sie darauf vorbereitet, in letzter Minute überboten zu werden. Sie sollten sich darüber im Klaren sein, dass Ihr Gebot bindend ist, es aber andererseits sehr schwer ist, einen betrügerischen Anbieter vor Gericht zur Rechenschaft zu ziehen. Immer wieder kommt es auch zum Verkauf von „Geisterwagen". Daher sollte man sicherstellen, dass der in Frage kommende Wagen tatsächlich existiert und sich nicht voreilig von seinem Geld trennen.

11 Papiere für eine vollständige Dokumentation

Zulassung

Alle Länder verfügen über ein Registrierungssystem für Automobile – wie dem Kraftfahrzeugbrief in Deutschland oder dem so genannten „Pink Slip" in den USA. Derzeit kommen Importfahrzeuge aus Japan schwer in Mode, die oft mit überdurchschnittlichem Pflegezustand und üppiger Ausstattung punkten. Dabei ist es wichtig, dass die Unterlagen im Original vorliegen und vollständig sind, dass sie sich auf den in Frage kommenden Wagen beziehen und dass alle Details wie Motor- und Fahrgestellnummer korrekt angegeben sind.
Alle früheren Besitzer sind ausschließlich im Kraftfahrzeugbrief aufgeführt. Daher sollte man sich nicht mit dem Kfz-Schein oder der Zulassungsbescheinigung Teil II begnügen, in denen ja nur der aktuelle Besitzer und der letzte Vorbesitzer angegeben sind.
Vergleichen Sie alle Angaben im Brief mit dem Typenschild, das im Fahrzeug montiert ist. Besitzt der Wagen eine ausländische Zulassung, sollte man sich vorab bei den entsprechenden Stellen wie dem Zoll informieren, welche Formalitäten bei der Einführung des Wagens zu erledigen sind.

Hauptuntersuchung

Auch Klassiker und Liebhaberfahrzeuge wie der Mercedes W 126 können der Hauptuntersuchung nicht entgehen. Bei der Besichtigung spielen daher die letzten HU-Berichte eine entscheidende Rolle bei der Beurteilung des Objektes der Begierde. Also sollte man sich diese Unterlagen unbedingt zeigen lassen und bei Bedarf darauf bestehen, dass die von den Prüfern verlangten Reparaturen durch entsprechende Rechnungen dokumentiert werden.
Auch wenn der Wagen nicht mehr zugelassen ist, sollte man nicht darauf verzichten. So offenbaren sich mitunter schon vor der ersten genaueren Besichtigung mögliche gravierende Schwachpunkte. Sind diese Unterlagen nicht vorhanden, ist es durchaus möglich, dass der Verkäufer etwas zu verbergen hat.

Anmeldung

Ist das Fahrzeug noch zugelassen, ist die Ummeldung relativ unproblematisch. Wer viel Zeit, Geduld und Lust auf Bürokratie hat, kann selbst zum Straßenverkehrsamt fahren und dort seinen Wagen ummelden. Dazu benötigt man Kraftfahrzeugbrief und -schein respektive die Zulassungsbescheinigung Teil I und II, elektronische Versicherungsbestätigung (eVB), HU-/AU-Unterlagen, Personalausweis und Bargeld für die fälligen Gebühren und die neuen Kennzeichen. Hat man sich die Kennzeichen besorgt und montiert, steht der weiteren Fahrt nichts mehr im Weg.
Besitzt der Wagen keine Zulassung mehr, interessiert sich zunächst der TÜV für das Fahrzeug. Je nach Herkunft und Dauer der Abmeldung kann der TÜV auf eine Einzelabnahme bestehen, für die eine ausführliche technische Dokumentation notwendig ist. Ist diese Hürde genommen, begibt man sich zur Zulassungsstelle. Wenn man Zeit sparen will, kann man auch entsprechende Dienstleister in Anspruch nehmen, die gegen eine Gebühr die Zulassung organisieren.

Bewertung

Mitunter hat der Verkäufer ein Wertgutachten von einer anerkannten Organisation wie Classic Data, DEKRA oder DAT anfertigen lassen, aus dem der Wert des Modells hervorgeht. Im

Allgemeinen stellen solche Dokumente allerdings lediglich eine unverbindliche Richtgröße für den tatsächlichen Preis dar.

Service-Historie
Häufig werden die Wagen von ihren (hoffentlich fähigen) Besitzern selbst gewartet. Trotzdem sollte man so viele Details der Service-Historie wie möglich in Erfahrung bringen. Dabei kommt den Bescheinigungen und Rechnungen von Markenhändlern oder Fachbetrieben eine besonders große Bedeutung zu.
Tatsächlich sind alle Papiere bei der Dokumentation wichtig: Vom ersten Kaufvertrag bis zum Wartungsheft bekommt man so Antworten auf wichtige Fragen zu der Geschichte des Fahrzeugs. Besonders ein Katalog des Modells aus dem entsprechenden Baujahr ist eine wichtige Informationsquelle. Die Behauptung des Besitzers, dass der Wagen restauriert worden sei, sollte man sich immer durch die entsprechenden Unterlagen belegen lassen.
Wenn der Verkäufer erklärt, den Service selbst vorgenommen zu haben, sollte man fragen, wann die Arbeiten ausgeführt wurden und nach entsprechenden Hinweisen suchen. Im besten Fall deckt sich Ihre Einschätzung des Gesamtzustands mit den Angaben des Verkäufers.

Restaurierungs-Fotos
Größere Restaurierungsmaßnahmen werden in der Regel mit einer Vielzahl von Fotos dokumentiert. Die aus verschiedenen Winkeln gemachten Aufnahmen helfen dabei, Umfang und Qualität der Arbeiten einzuschätzen. Wenn Sie den Wagen kaufen, bitten Sie den Verkäufer, Ihnen die Fotos zu überlassen, weil sie ein wichtiger Teil der Geschichte des Fahrzeugs sind. Es ist erstaunlich, wie viele Besitzer bereit sind, sich zwar von ihrem Wagen zu trennen, die Fotos aber als Erinnerungsstücke behalten wollen. In einem solchen Fall kann man sich vermutlich auf Abzüge von den Originalen einigen.

12 Wie viel ist „er" wert?

Mit „Klassikern" lässt sich Geld verdienen!

Die Baureihe 126 ist längst ein Klassiker und gilt vielen Fans als die formal gelungenste S-Klasse überhaupt. Die Modelle der ersten Serie (bis 1985) dürfen bereits das H-Kennzeichen tragen, entsprechender Zustand vorausgesetzt. Fahrzeuge ab 1985, namentlich solche mit serienmäßiger Abgasreinigung und grüner Feinstaubplakette, bestreiten vielfach noch völlig unbeeindruckt den rauen Alltagseinsatz.

Logisch, dass die Preisfindung bei Automobilen, die sich längst jeder „Eurotax-Schwacke"-Notierung entzogen haben, stark vom individuellen Angebot abhängt. Ein Umstand, der viele Freiräume bietet. Und zwar sowohl für Händler wie Privatverkäufer. Mit dem Label „Klassiker" lässt sich Kasse machen.

Und es stimmt ja auch: Gute, gepflegte Exemplare mit nachvollziehbarer Historie und ohne Wartungsstau werden nicht nur nicht mehr günstiger, sondern steigern langsam aber stetig ihren Marktwert. So kann eine Preisforderung von um die 20.000 Euro für einen 560 SEL in Topzustand durchaus zu rechtfertigen sein. Einen ordentlichen 300 SE bekommt man indes auch noch für weniger als die Hälfte.

Wenn Sie nicht mindestens sieben- bis achttausend Euro investieren können – und eine Reserve für eventuell anstehende Arbeiten übrig haben – sollten Sie das „Abenteuer S-Klasse" eher nicht wagen. Auch wenn auf dem Markt fahrbereite Exemplare ab 3000 Euro angeboten werden, können die Folgekosten vermeintlicher Schnäppchen desaströse Ausmaße annehmen! Allerdings tauchen solche Angebote immer wieder auf. Da gilt es, kühlen Kopf zu bewahren und bei der Suche nach dem passenden fahrbaren Untersatz nicht ausschließlich Herz oder Bauch entscheiden zu lassen. Selbst dann nicht, wenn das vermeintliche Traumauto vor Ihnen steht!

Vollausstattung gibt es nicht!

Viele Anbieter begründen ihre überzogenen Preisvorstellungen gern mit der Bemerkung, dass es sich bei dem betreffenden Auto um einen raren „Vollausstatter" handelt. Die Wahrheit ist: Den gibt es nicht! Selbst in ei-

Dieses Familiengesicht prägte bei Mercedes-Benz eine ganze Fahrzeuggeneration. Und das baureihenübergreifend. Bild: Mercedes-Benz AG

**Die fließenden Linien im Profil sorgen dafür, dass eine über 30 Jahre alte S-Klasse auch heute noch wahrhaft zeitlos daherkommt.
Bild: Mercedes-Benz AG**

Heute würde sich vermutlich niemand mehr trauen, ein Auto der Luxusklasse in Rot zu bestellen. Anfang der Achtziger war das kein Problem. Und die Farbe steht dem großen Wagen ausgezeichnet. Bild: Mercedes-Benz AG

Ein zweites Radiobedienteil in der hinteren Mittelarmlehne war wie vieles andere gegen Aufpreis erhältlich und ist heute das Salz in der Klassikersuppe. Bild: MBIG e.V.

ner Zeit, als Mercedes-Benz Ausstattungslinien- und Pakete noch nicht für sich entdeckt hatte und die Erstkunden ihr Auto in der Tat recht individuell bestücken konnten, war es niemals möglich, wirklich alle verfügbaren Optionen, die der Prospekt hergab, in einem einzigen Auto zu vereinen. Manche Sonderausstattungen waren nicht mit allen Motoren kombinierbar und auch nicht in allen Karosserievarianten zu realisieren. Sollte Ihnen also ein Verkäufer das in der Mercedes-Klassikerszene leider nahezu allgegenwärtige Märchen der Vollausstattung auftischen wollen, dürfen Sie das getrost milde lächelnd überhören.

Zustand:

Wichtig ist einzig und allein: Was steht vor Ihnen? Mit Hilfe des Bewertungssystems aus Kapitel 9 können Sie nun beurteilen, in welchem Zustand sich das Kaufobjekt befindet und ob es sich überhaupt lohnt, mit dem Verkäufer in Verhandlungen einzutreten. Sinnvoll ist es zudem, sich zuvor etwa in einschlägigen Internetportalen wie www.mobile.de oder www.autoscout24.de über die aktuelle Marktlage zu informieren und entsprechende Fachzeitschriften wie Oldtimer Markt und Oldtimer Praxis zu konsultieren.

Im Falle der Marke Mercedes-Benz lohnt es sich in jedem Fall, Kontakt zur rührigen Clubszene (www.mbig.de, www.s-klasse-club.de) aufzunehmen. Auch Nichtmitgliedern gegenüber zeigt man sich dort oft hilfsbereit. In der Regel bekommt man so einen einigermaßen verlässlichen Rahmen dafür, was preislich „geht". Natürlich kann man ein wirklich gut gepflegtes Exemplar, aus erster Rentnerhand und garagenverwöhnt, entsprechend würdigen. Und in der Tat, solche Autos gibt es! Man sollte sich aber darüber im Klaren sein, dass der verlangte Preis nicht nur vom reinen Zustand, sondern auch von der vorhandenen Zusatzausstattung abhängt.

Empfehlenswerte Extras:

- Automatikgetriebe
- Schiebedach
- Velour- oder Lederausstattung (Leder der 1. Serie hochwertiger!)
- orthopädischer Fahrersitz
- originales Radio (Becker)
- Metallic-Lack
- originale Alufelgen
- Klimaanlage (die manuelle „Heizmatic" ist der Klimaautomatik vorzuziehen)
- Katalysator (Benziner)

Ein Airbag ist immer noch ein gutes Kaufargument. Bild: Mercedes-Benz AG

Die verschleißresistente Veloursausstattung strahlt Behaglichkeit aus. Es gibt nicht wenige Fans, die sie einer Ledergarnitur vorziehen. Bild: H.-P. Lange

Der Klassiker: Die „Kanaldeckel"-Räder stehen jedem 126er gut und sind deshalb auch gebraucht beliebt. Die Preise sind entsprechend. Bild: H.-P. Lange

Der Reiserechner: Es soll S-Klasse-Liebhaber geben, die ihr gesamtes Kombiinstrument austauschen, nur um diesen schlauen Computer zu besitzen. Wie genau er nun wirklich arbeitet, darüber scheiden sich die Geister. Bild: Mercedes-Benz AG

Nicht empfehlenswert:
- nicht eingetragene oder nicht serienmäßige Zubehörteile (Tuning)
- Anhängerkupplung
- Lackierungen in nicht serienmäßigen Farben
- „Buchhalter"-Ausstattungen (ohne jegliche Extras)

Ausnahmen:
So genannte „Fehlfarben" sind Lackierungen, die zwar ab Werk verfügbar waren, aber nur selten geordert wurden. Das ins Türkise changierende Beryll (Farbcode 888), das gar nicht mal so seltene Almandinrot (512) oder das aus heutiger Sicht fast skurril wirkende Mimosengelb (618, Sonderlackierung) sind solche Farben, die im Allgemeinen einen Preisabschlag rechtfertigen, da sie als schwer verkäuflich gelten. Allerdings formiert sich in letzter Zeit eine Sammlerszene innerhalb der 126er-Gemeinde, die ganz gezielt solche Fahrzeuge sucht, gern auch in Verbindung mit außergewöhnlich kolorierten Inneneinrichtungen. Auch „nackte" Basisausstattungen, so genannte „Buchhalter" – im Grunde unbeliebt – werden in der Szene immer attraktiver. Motto: „Was nicht drin ist, geht auch nicht kaputt."

Mimosengelb (618) war eine Sonderlackierung und dürfte recht selten verkauft worden sein. In Verbindung mit einer Innenausstattung in Leder Olive ist dieser 500 SE vermutlich sogar ein Einzelstück. Ein Hingucker ist er sowieso. Bilder: D. Busch

Signalrot (568) mit Seitenschutzbeplankung in Muschelgrau (176) und einer Innenausstattung in Leder Rot ergibt eine durchaus stilvolle Kombination. Auf einem modernen Fahrzeug wirkte sie vielleicht deplatziert und verstörend, die 126er-Limousine trägt's mit Würde. Bilder: S. Mantel

Gewährleistung:
Die Sache mit der Gewährleistung ist bei älteren Fahrzeugen grundsätzlich schwierig. Selbst, wenn Sie bei einem Händler kaufen, der eine Gewährleistung geben muss, gibt es doch immer wieder Fälle, in denen sich auch Profis genau darum drücken. Da gibt es dann Kaufverträge mit dubiosen Ausschlussklauseln, die den Händler von jeglicher Haftung freisprechen und das komplette Risiko dem Käufer überantworten. Oft wird dann auch davon gesprochen, dass das Auto eigentlich nur für den Export bestimmt sei. Falls Ihnen bei solchen Äußerungen flau im Magen wird, sollten Sie vom Kauf Abstand nehmen und sich nach einem seriöseren Händler umsehen. Allerdings: Bei einem Privatgeschäft tragen Sie das Risiko stets selbst!

Inspektion vor dem Kauf:
Um das Risiko zu verringern, haben Sie zum Einen dieses Buch in der Hand und zum Anderen die Möglichkeit, die Hilfe unabhängiger Fachleute in Anspruch zu nehmen. Ein Verkäufer, der nichts zu verbergen hat, sollte einer technischen Überprüfung des Kaufkandidaten in einer Werkstatt (es muss nicht unbedingt eine Mercedes-Niederlassung sein) oder durch eine Prüforganisation (TÜV, DEKRA, ADAC u.a.) zustimmen. Die dafür anfallenden Kosten müssen Sie selbst übernehmen, was sich aber in der Regel lohnt. Einem skeptischen Verkäufer gegenüber können Sie argumentieren, dass auch dieser sein eigenes Fahrzeug nach einer professionellen Überprüfung besser einschätzen kann. Eigentlich ist also allen Beteiligten geholfen.

Vertragsabschluss:
Ganz wichtig: Bestehen Sie auf einem schriftlichen Kaufvertrag! Handschlag-Deals können ihren Reiz haben, allerdings nicht unbedingt zwischen einander unbekannten Personen. Verhandeln Sie auf Basis des Ist-Zustandes, der vorliegenden Wartungsunterlagen, der Kilometerleistung und eventuell vorhandener Mängel über den Preis. Berücksichtigen Sie auch die Ausstattung und die Karosserievariante, Coupés notieren über den Limousinen. Sollten relevante Reparaturen oder Wartungsarbeiten absehbar sein, sollten Sie diese Kosten vom Kaufpreis abziehen oder mit dem Verkäufer aushandeln, inwieweit er die Mängel vor dem Verkauf beheben lässt. Bleiben Sie fair! Bestandteil einer jeden Verhandlung ist es, aufeinander zuzugehen und einen Kurs zu erzielen, mit dem beide Vertragsparteien leben können. Ist das partout nicht möglich, suchen Sie ohnehin besser weiter! Es gibt auf dem Markt derart viele gute 126er, dass Sie auch woanders in jedem Fall ein ordentliches Exemplar finden werden.

13 Restaurieren – ja oder nein?

Es gibt einen Grund, weshalb viele hierzulande ausgemusterte 126er in den Export etwa nach Afrika gehen: Zu der Tatsache, dass es sich um ein grundrobust konstruiertes Fahrzeug handelt, kommt hinzu, dass die Technik überschaubar und wartungsfreundlich ausgelegt ist. Natürlich verfügt eine S-Klasse je nach Ausstattung bereits über ein nicht zu unterschätzendes Maß an elektronischen Komponenten – die zur Wartung und Instandsetzung Fachwissen und geeignete Gerätschaften erfordern –, auf der mechanischen Seite aber kommt im Grunde jeder versierte Handwerker mit lebenserhaltenden Maßnahmen zurecht. Ein aus Marokko stammender Kraftfahrzeugmeister formulierte das mal so: „Mit dem Improvisationstalent der Jungs in meiner Heimat läuft so ein alter Benz ewig."

Dieser SEC dient nur noch als Teileträger, eine Restaurierung wäre angesichts des recht gut sortierten Angebots derzeit unwirtschaftlich. Bild: MBIG e.V.

Trotz der auch nach heutigen Maßstäben sehr stabilen Karosseriestruktur sind Zerlegung, Reparatur und Zusammenbau für erfahrene Menschen keine unlösbare Herausforderung, zumal es genügend Ersatzteile – neue wie gebrauchte – gibt. Dabei muss niemand auf Reproduktionen zurückgreifen, das meiste gibt es nach wie vor neu an der Teiletheke der Mercedes-Niederlassung.

Sparen lässt sich mit der gut sortierten Auswahl des werkseigenen Gebrauchtteile-Centers (MBGTC), die Suche auf einschlägigen Schrottplätzen oder im Internet ist ebenfalls vielversprechend. Aufpassen sollte man bei Fahrzeugen, die bereits erkennbar Reparaturen hinter sich haben oder für kleines Geld „über den TÜV geschweißt" wurden. Schlamperei rächt sich immer!

Auch was Elektrik- und Elektronikteile wie Steuergeräte anbetrifft, ist der Gebrauchtmarkt – vorrangig das MBGTC (dort gibt es geprüfte Komponenten mit Garantie) – gut sortiert und bietet in allen Preisklassen Ersatz. Allerdings ist bei allzu billigen Offerten Vorsicht geboten: Die Funktion eines ABS-Steuergerätes überprüfen Sie nicht mal eben auf dem Küchentisch, da sollten Sie nur aus vertrauenswürdigen Quellen schöpfen!

Bei einem noch derart weit verbreiteten Fahrzeug wie der W-126-Limousine muss sich jeder überlegen, ob er eine Restaurierung angehen will. Einen ordentlichen Wagen noch etwas besser zu machen, lohnt sich natürlich immer.
Bild: H.-P. Lange

Fragen und Antworten

Lohnt es sich, ein Auto zu restaurieren, das noch in so großer Zahl auf den Straßen unterwegs ist wie der Mercedes des Baumusters 126? Eher nicht. Zum einen gibt es in der Tat noch genügend gute Fahrzeuge, so dass sich im Zweifel die Suche nach dem besseren Auto eher auszahlt, als viel Geld in ein marodes Exemplar zu versenken.

Zum anderen ist der 126er – von wenigen Ausnahmen wie sehr gut erhaltenen Coupés und raren AMG-Versionen einmal abgesehen – noch nicht in so erlauchten Preisregionen angekommen, dass eine aufwändige Restaurierung unterm Strich dem Werterhalt oder der Wertsteigerung dient. Noch. Das wird sich in absehbarer Zeit sicher ändern.

Für den Moment gilt: In den meisten Fällen wird sich die Kernsanierung eines 126ers – zumal von einer Fachwerkstatt durchgeführt – in einer finanziellen Region bewegen, die mindestens einem wirtschaftlichen Totalschaden gleichzusetzen ist. Wenn es sich bei dem betreffenden Fahrzeug also nicht um eine sehr seltene Variante handelt oder eventuell eine persönliche Geschichte damit verbunden ist („Das ist der Benz vom Opa, den will ich unbedingt erhalten!"), sollte man von einer Komplettrestaurierung aus wirtschaftlichen Gründen absehen.

Keine Frage: Hier geht es nicht um Restaurierung, sondern um Erhalt. Wobei sich manche Vorbeuge-Maßnahme – etwa die professionelle Revision des Achtzylinders – als ziemlich kostspielig erweisen kann. Allerdings ist das eine Investition von bleibendem Wert, ein gut erhaltenes Coupé wird seinen Wert kaum verlieren, eher im Gegenteil.
Bild: H.-P. Lange

14 Lackprobleme

Lackprobleme entstehen zumeist aufgrund unzureichender Vorarbeiten für eine Neulackierung oder Ausbesserung. Einige der folgenden Probleme werden Sie bei der Klassiker-Suche häufiger antreffen.

Orangenhaut
Die ungleichmäßige Lackoberfläche erinnert an die Schale einer Orange. Das Problem entsteht, wenn der Lack zu wenig verdünnt wurde (häufig auch in Kombination mit einem zu großen Sprühabstand). Auch extreme Temperaturunterschiede zwischen der Umgebung und der zu lackierenden Oberfläche fördern die Bildung einer Orangenhaut. Dieser Effekt lässt sich in leichteren Fällen mit einer entsprechenden Politur oder sehr feinem Schleifpapier beseitigen. Je nach Ausmaß dieses Lackierfehlers ist eine Neulackierung empfehlenswert. Hier hilft auf jeden Fall die Begutachtung durch einen Experten.

Risse
Risse im Lack können vor allem durch zu viel Spachtelmasse entstehen. Wird dem Lack zu viel Härter beigemischt oder besteht eine Unverträglichkeit zwischen der neu aufgetragenen Farbsorte und der bereits vorhandenen Lackierung, kann es ebenfalls zu diesen Erscheinungen kommen. Bei einer umfassenden Restaurierung sollte man vor der Neulackierung sämtliche Lackschichten entfernen, um dieses Problem sicher auszuschließen.

Haarrisse
Wenn sich feine Haarrisse über die Lackoberfläche verteilen, liegt häufig eine Unverträglichkeit des Lacks mit der verwendeten Grundierung vor. In diesem Fall muss man sich Gedanken über eine Neulackierung machen.

Blasen
Korrosion unter der Lackierung verursacht unweigerlich Blasen. Werden sie erst einmal richtig sichtbar, ist der Schaden an den Blechen vermutlich ziemlich groß. Vor einer Neulackierung muss in diesen Fällen zunächst das betroffene Blech repariert werden.

Mikroblasen
Diese Blasen lassen auf eine preiswerte Lackierung schließen, bei der die Oberfläche nicht gründlich trocknen konnte. Am besten holt man sich Rat bei einem Spezialisten, doch wird man häufig in dem betroffenen Bereich die alte Lackierung vollständig entfernen müssen. Als Ursache für die Blasen kommen aber auch Fahrzeugabdeckungen in Frage, die nicht „atmen".

Verblassen
Einige Farben, vor allem Rot, neigen dazu, bei starker Sonneneinstrahlung und ohne Schutz durch entsprechende Politur zu verblassen. Wenn eine Behandlung mit einem Lackreiniger nicht ausreicht, kommt man um eine Neulackierung nicht herum.

Abblättern
Vor allem bei Metallic-Lackierungen kann es vorkommen, dass der Klarlack abblättert. Schlecht aufgetragener Einschicht-Lack zeigt ebenfalls diese Erscheinung. Konsequenterweise muss das Fahrzeug auch in diesen Fällen neu lackiert werden.

Einschlüsse
Wenn bei den Vorbereitungen zum Lackieren und beim eigentlichen Lackiervorgang nicht auf Sauberkeit geachtet wurde, kommt es zu Staub- und Schmutzeinschlüssen, die sich nicht ohne weiteres entfernen lassen. Hier hilft nur eine vollständige Neulackierung.

Beulen
Kleinere Beulen lassen sich leicht vom „ Beulen-Doktor" (Adressen im Internet) sanft und meistens ohne Folgen für den Lack aus dem Blech ziehen, sofern die Lackoberfläche noch intakt ist. Auf jeden Fall sollte man berücksichtigen, dass bei vielen Oldtimern dickere Bleche verwendet wurden als bei heutigen Fahrzeugen und sich dadurch die Arbeit des Beulen-Doktors manchmal schwieriger – und somit teurer als angenommen – gestalten kann.

15 Konditionsprobleme

Der beste Mercedes ist ein Mercedes, der regelmäßig bewegt und gewartet wurde. Auch, wenn das taschentuchgepflegte Garagenauto aus erster Rentnerhand mit 60.000 nachweisbaren Kilometern noch so reizvoll ist – es muss nicht das bessere Angebot sein! Spätestens, wenn Sie ein solches Fahrzeug regelmäßig benutzen wollen, können Standschäden teure Reparaturen nach sich ziehen. In der Szene werden Autos mit Laufleistungen zwischen 200.000 und 300.000 Kilometern ohne Wartungsstau als „Fahr"-Zeuge tatsächlich bevorzugt. Wohlgemerkt: Zum Fahren! Wenn Sie einen W 126 als Schönwetter- und Sonntagsauto nutzen und ihn nicht dem Alltag aussetzen wollen, können Sie natürlich auch ein Kilometerbaby in Betracht ziehen.

Rost:

Autos, die in ihrem Leben kaum etwas von der Straße gesehen haben, leiden selten unter Rost an der Karosserie. Meistens durften sie die Tage und Nächte ja in trockenen Garagen verbringen. Die braune Pest nagt hier eher im Verborgenen und bevorzugt an der Technik. Etwa an der Bremsanlage, wo Kolben, Zangen und Zylinder befallen sein können oder Bremsbeläge an Bremsscheiben festgebacken sein können. Gern rostet auch die Mechanik der Feststellbremse fest. Mitunter so sehr, dass man das Auto gar nicht mehr von der Stelle bekommt. Nicht selten kleben Kupplungsscheiben an Schwungrädern fest. So ein Auto sollte man am besten gar nicht bewegen, bis das Problem im Wortsinn gelöst ist.

Der typische Kantenrost an der Heckklappe ist hier noch harmlos, bedarf aber schneller Behandlung. Bild: H.-P. Lange

Flüssigkeiten:

Alte Flüssigkeiten gehören erneuert, bevor Sie ein Fahrzeug, das lange gestanden hat, wieder in Betrieb nehmen. Altes Öl kann Dichtungen angreifen und Lager zersetzen. Bestimmte Bestandteile in Kraftstoff und Bremsflüssigkeit sind „hygroskopisch", nehmen also mit der Zeit Wasser auf, was zu Rostbildung im Kraftstoffkreislauf und im Bremssystem führen kann. Hat etwa die Bremsflüssigkeit bereits zuviel Wasser aufgenommen, kann dies bei heißgefahrener Bremse zu Dampfblasenbildung im System führen. Schlimmstenfalls versagt die Bremse!

Achten Sie im Motorraum auf Undichtigkeiten in Kühl- und Ölkreislauf. Verfügt das Fahrzeug über eine Niveauregulierung, gibt es einen weiteren Flüssigkeitsbehälter, dessen Inhalt sie kontrollieren sollten. Vorsicht: Das Hydrauliköl darin auf keinen Fall mit Servoöl verwechseln! Bild: Mercedes-Benz AG

Grundsätzlich dürfen TÜV-Prüfer das Alter der Bereifung nicht bemängeln. Weist der Pneu keine Beschädigungen und ausreichend Profil auf, gilt er als verkehrssicher. Im eigenen Interesse sollten Sie es damit aber nicht übertreiben. Bild: H.-P. Lange

Reifen:

Es ist ein weit verbreiteter Irrglaube, dass man mit Reifen, deren Profil „noch gut" aussieht, sorgenfrei fahren kann. Nach fünf bis sieben Jahren können die in der Gummimischung der Reifen enthaltenen Weichmacher bereits so weit entwichen sein, dass der Pneu spröde und rissig wird. Das kann lebensgefährlich werden!
Achten Sie beim Kauf des Fahrzeugs auf die in die Reifenflanke eingeprägte DOT-Nummer. Sie gibt Produktionswoche und -jahr an. Hat das Auto längere Zeit gestanden, können sich so genannte „Standplatten" gebildet haben. Diese machen sich beim Fahren durch deutliche Vibrationen bemerkbar, können allerdings auch wieder verschwinden. Tun sie das nicht, sollte man die Bereifung von einer Fachwerkstatt prüfen und notfalls austauschen lassen.

Stoßdämpfer:

Stoßdämpfern sieht man einen Standschaden in der Regel kaum an. Es sei denn, man hat die Gelegenheit, das Fahrzeug auf einer Hebebühne von unten zu betrachten. Sind die Dämpfer verdächtig feucht, tritt bereits Öl aus. Der Grund: Die Dichtungen im Inneren der Dämpfer altern und werden brüchig. Solche Exemplare sollten umgehend getauscht werden. Übrigens ist der gute alte „Wackeltest" (das Fahrzeug an allen vier Ecken kräftig herunterdrücken) höchstens ein Anhaltspunkt für den Zustand des Fahrwerks, keine sichere Diagnose. Wippt das Auto beim Ausfedern allerdings deutlich sichtbar nach, besteht Handlungsbedarf. Besondere Vorsicht ist geboten, wenn das Besichtigungsobjekt vom Vorbesitzer mit einem Sportfahrwerk nachgerüstet wurde. So etwas ist meist derart hart, dass da nichts mehr wippt. Ein solches Fahrzeug sollte generell von einem Fachmann untersucht werden. Das beim W 126 optional verfügbare hydropneumatische Fahrwerk garantiert eine sehr gute Straßenlage. Solange es in Ordnung ist und nirgendwo Undichtigkeiten auftreten. Womit im Alter indes gerechnet werden muss. Reparaturen können sehr teuer sein. Wer sich das Risiko ersparen möchte, sollte das konventionelle Fahrwerk bevorzugen, das die Ingenieure seinerzeit ebenfalls sehr gut auf den schweren Wagen abgestimmt haben.

Gummi- und Kunststoffteile:

Nach mehr als zwanzig Jahren können die Weichmacher aus allen möglichen Gummidichtungen entwichen und diese ausgehärtet sein. Auch regelmäßige Pflege mit entsprechenden Mitteln wie Stiften und Sprays verzögert den Prozess nur. Schlimmstenfalls schrumpfen etwa Fensterschachtabdichtungen derart zusammen, dass Wasser von oben in die Türen laufen kann. Eine ausführliche Kontrolle aller Dichtungen (Fenster, Türen, Schiebedach) sollte selbstverständlich sein.

Kunststoffe im Außenbereich bleichen mit der Zeit aus, das ist kaum zu verhindern. Auch im Innenraum sorgen entfleuchte Weichmacher für spröde und teilweise rissige Oberflächen. Mit etwas Mühe und dem richtigen Material bekommt man das wieder hin. Wertvolle Tipps liefern das „Praxishandbuch Cockpit & Interieur" sowie „Autopflege Spezial – Schönheitsreparaturen" aus dem HEEL Verlag.
Bilder: Mercedes-Benz AG

Eher kosmetischer Natur sind ausgeblichene Stoßfänger, Rammschutzleisten oder Spiegelkappen. Mit der Zeit werden unlackierte Kunststoffteile grau und unansehnlich. Da kann man allerdings mit guten Pflegemitteln gegensteuern. Wer sich das selbst nicht zutraut, sollte sich an einen professionellen Fahrzeugaufbereiter wenden. Man glaubt oft kaum, was Fachleute auch aus offensichtlich verlebten Autos herausholen (das betrifft auch den Lack!). Eine anständige Aufbereitung ist übrigens vielerorts günstiger als man denkt.

Elektrik:

Der größte Feind der Elektrik heißt übrigens ebenfalls Oxidation. Sie befällt Steckverbindungen und Kontakte, was gern zu Fehlfunktionen und Totalausfällen ganzer Baugruppen führt. Hat ein Auto lange gestanden, sollte man alle wichtigen Funktionen durchtesten. Kommt es zu Fehlern, muss man nicht gleich das „ganz große Besteck" herausholen. In vielen Fällen wirken ein Sprühstoß mit Kontaktspray und der Einsatz von feinem Schleifpapier an Steckverbindungen Wunder.

Auch Sicherungen können den Dienst quittieren und sind in Sekunden ausgetauscht. Generell tun Sie Ihrem Auto Gutes, wenn Sie die Batterie bei absehbar längerer Standzeit an ein „Erhaltungsladegerät" – auch bekannt als „Akku-Jogger" – anschließen. Es simuliert die Ent- und Aufladevorgänge des Alltagsbetriebs und hält damit den Akku frisch.

**Mit der Zahl der Ausstattungsfeatures steigt die Zahl der Fehlerquellen, Komfortelektrik kann im Alter streiken. Hier sind Besitzer von „Buchhalter"-Fahrzeugen („Einmal nix, bitte") eindeutig im Vorteil.
Bild: H.-P. Lange**

Auspuffanlage:

Es ist fast ein Naturgesetz, nicht nur beim Mercedes W 126: Wenn Sie ein Auto kaufen, das monatelang nicht bewegt wurde, ist oft nach wenigen Wochen Betrieb die Auspuffanlage „fertig". Auch wenn sie optisch noch intakt aussieht, hat das in den Abgasen enthaltene Wasser im Inneren der Schalldämpfer und Rohre Rost entstehen lassen. Sie faulen von innen nach außen. Das ist fast unvermeidbar. Es sei denn, am Fahrzeug wurde eine Abgasanlage aus Edelstahl montiert, was aber auch keine Garantie gegen Korrosion darstellt.

**Auspuffanlagen gammeln meist von innen nach außen durch. Hat das Auto lange gestanden, kann der Auspuff schon nach kurzer Fahrzeit kaputt sein, obwohl er von außen noch intakt aussieht.
Bild: H.-P. Lange**

16 Wichtige Adressen und Ansprechpartner

Bei allem, was einem betagten Mercedes-Benz fehlt oder eventuell fehlen könnte, können sich seine Eigentümer ziemlich entspannt zurücklehnen. Die hervorragende Unterstützung seitens des Werks, aber auch die der exzellent organisierten Clubszene und eine große Auswahl an freien Teilehändlern und spezialisierten Fachbetrieben machen Wartung, Instandhaltung und Unterhalt des Sternenkreuzers ziemlich einfach.

Clubs:

Mercedes-Benz S-Klasse-Club e.V.
Altenburger Str. 29
04617 Rositz
www.s-klasse-club.de

Mercedes W 126-Club
Auf den Steinen 17
65599 Dornburg
www.mercedes126.de

Mercedes-Benz IG (MBIG) e.V.
An der Ohligsmühle 10
53127 Bonn
www.mbig.de

Spezialisten, Ersatzteile und Händler:

Mercedes-Benz Gebrauchtteile Center GmbH
www.mbgtc.de
Überwiegend professionell aufgearbeitete Ersatzteile für alle Baureihen. Nicht günstig, dafür mit Werksgarantie!

TE Taxiteile GmbH
www.te-taxiteile.com
Ersatzteilgroßhandel für alle MB-Baureihen, die es als Taxiausführung gab. Ersatzteile in unterschiedlichen Qualitätsstufen zum sehr guten Preis-Leistungs-Verhältnis. Attraktive Sonderaktionen!

Carus GmbH
www.carus-parts.de
Ersatzteile für alle Youngtimer-Baureihen aus dem Hause Mercedes-Benz, überwiegend Erstausrüsterqualität, sehr kompetente Telefonberatung

Dirk Wübbenhorst Mercedes-Teile
www.autoteile-W 126.de
Szenebekannter W 126-Spezialist mit Werkstatt und Ersatzteilhandel (neu und gebraucht) im Essener Norden. Sein umfassend bestücktes S-Klasse-Ersatzteillager wird von Kennern als „das Schlachthaus" bezeichnet.

Kultmobile mit Stern GmbH
www.kultmobile.de
Bremer Händler, der stets eine große Auswahl an MB-Youngtimern am Lager hat. Teils interessante Japan-Importe!

Autohaus Frank Hefelmann GmbH
www.hefelmann-automobile.de
Händler in Wülfrath (NRW), spezialisiert auf MB-Youngtimer.

Netzebands Mercedesgaragen GmbH
www.netzebandauto.de
Berliner Kulthändler seit 1967. Mercedes-Benz Spezialist in Berliner Tiefgarage. Einkaufserlebnis!

Classic Clockstoppers
www.classicclockstoppers.de
Berliner Händler und Werkstatt, spezialisiert auf den Import von W 124 und W 126 aus Japan.

Leseberg Automobile GmbH Hamburg
www.leseberg.de/classic-center
Alteingesessener Hamburger Mercedes-Benz-Vertragshändler mit eigener Klassikabteilung.

Autohaus Zittel KG Eschweiler
www.zittel.mercedes-benz.de
Offizieller Mercedes-Benz-Classic Stützpunkt

www.mercedes-fans.de
Das Online-Magazin mit Stern. Täglich neue Informationen über klassische und neue Mercedes, Forum, Markt und Termine.

www.fuenfkommasechs.de
Amüsantes wie informatives Internetportal rund um Mercedes-Benz-Klassiker. Der Schwerpunkt liegt auf der S-Klasse der Baureihe W 126. Die Betreiber der Seite bestechen vor allem durch ihre humorige Herangehensweise an das Thema und die oft hervorragenden Bilder.

Literatur zum Thema:

Das neue grosse Mercedes S-Klasse-Buch
Matthias Röcke, HEEL Verlag, Königswinter

Die 126er-Codes – Jetzt entschlüsselt
Hans-Peter Lange, Mercedes-Benz Interessengemeinschaft (MBIG) e.V.

Kaufberatung Mercedes-Benz Baureihe 126
Hrsg.: Mercedes-Benz S-Klasse-Club e.V.

Mercedes-Benz Classic
Offizielles Clubmagazin der Mercedes-Benz AG

Ponton-Kurier
Clubmagazin der Mercedes-Benz IG e.V.

DVD-Film „W 126 Ratgeber Technik"
Das Unternehmen TRIANOmedien vertreibt einen Technik-Ratgeber in bewegten Bildern zur Baureihe W 126. Die DVD kann entweder über www.trianomedien.de oder über den Clubshop der MBIG e.V. bezogen werden.

Wichtige jährliche Veranstaltungen

Bremen Classics Motorshow
*(Tipp für interessierte Käufer:
Private Fahrzeugbörse im Messeparkhaus!)*
Retro Classics Stuttgart
Techno Classica Essen
Klassikwelt Bodensee Friedrichshafen
Classic Days Schloss Dyck
VETERAMA, Mannheim
Motorshow Essen

Vielen Dank an:

Die Mitglieder der Mercedes-Benz Interessengemeinschaft (MBIG) e.V., insbesondere an die Herren Hans-Peter Lange, Peter Formhals, Helmut Hansen, Christian Riegel und Christian Boucke für die Vermittlung hilfreicher Kontakte in die Szene und den Einblick in das Clubarchiv.

Rainer Pantenburg (Mercedes-Benz RKG GmbH & Co. KG, Bonn)

Dirk Busch und Stefan Mantel

17 Daten und Fakten

Typ	280 S	280 SE/SEL**	380 SE/SEL**/SEC*	500 SE/SEL**/SEC*
Bauzeit	1979 - 1985	1979 - 1985	1979 - 1985 (*ab 1981)	1979 - 1985 (*ab 1981)
Karosserieform	viertürige Limousine	viertürige Limousine	viertürige Limousine/ zweitüriges Coupé	viertürige Limousine/ zweitüriges Coupé
Motor	6-Zylinder-Reihenmotor (Vergaser) M 110	6-Zylinder-Reihenmotor (Einspritzer) M 110	V8-Einspritzmotor M 116	V8-Einspritzmotor M 117
Hubraum in cm³	2746	2746	3818 (ab 1981: 3839)	4973
Leistung in PS	156	185	218 (ab 1981: 204)	240 (ab 1981: 231)
Gemischaufbereitung	Doppelregister-Fallstromvergaser	Benzineinspritzung Typ Bosch K-Jetronic		
Getriebe	4-Gang-Schaltgetriebe, a.W. 5-Gang-Schaltung o. 4-Stufen-Automatik	4-Gang-Schaltgetriebe, a.W. 5-Gang-Schaltung o. 4-Stufen-Automatik	4-Stufen-Automatik	4-Stufen-Automatik
Antrieb	Hinterräder	Hinterräder	Hinterräder	Hinterräder
Aufbau, Rahmen	selbsttragende Ganzstahlkarosserie	selbsttragende Ganzstahlkarosserie	selbsttragende Ganzstahlkarosserie	selbsttragende Ganzstahlkarosserie
Radaufhängung vorn	einzeln an Doppelquerlenkern mit Schraubenfedern und Drehstab-Stabilisator			
Radaufhängung hinten	Schräglenkerachse mit Schraubenfedern und Drehstab-Stabilisator			
Lenkung	Kugelumlauf-Servolenkung			
Reifen	195/70 o. 205/70 HR 14	195/70 o. 205/70 HR 14	205/70 VR 14	205/70 VR 14
Länge/ Breite/ Höhe in mm	4995 1820 1430	4995/5135** 1820 1430/1434**	4955/5135**/4910* 1820/1828* 1436/1440**/1407*	4955/5135**/4935* 1820/1828* 1436/1440**/1407*
Leergewicht in kg	1610	1610/1640**	1645/1665**/1585*	1670/1705**/1650*
Stückzahl	42.996	133.955/20.655**	58.239/27.014**/ 11.267*	21.748/56.770**/ 23.373*
Preis bei Markteinführung	DM 41.600	DM 44.900	DM 51.800/54.900*	DM 56.600/73.900*

260 SE	300 SE/SEL**	420 SE/SEL**/SEC*	500 SE/SEL**/SEC*	560 SE/SEL**/SEC*
1985 - 1991	1985 - 1991	1985 - 1991	1985 - 1991	1985 - 1991
viertürige Limousine	viertürige Limousine	viertürige Limousine/ zweitüriges Coupé	viertürige Limousine/ zweitüriges Coupé	viertürige Limousine/ zweitüriges Coupé
6-Zylinder-Reihen-motor (Einspritzer) M 103	6-Zylinder-Reihen-motor (Einspritzer) M 103	V8-Einspritzmotor M 116	V8-Einspritzmotor M 117	V8-Einspritzmotor M 117
2597	2962	4196	4973	5547
166 (Kat: 160)	188 (Kat: 180)	218 (Kat: 204), ab 1987: 231 (Kat: 224)	245 (Kat: 223), ab 1987: 265 (Kat: 252)	300 (ECE) oder 272 (Kat: 242 oder 279)
Benzineinspritzung Typ Bosch KE-Jetronic					
5-Gang-Schaltung, a.W. 4-Stufen-Automatik	5-Gang-Schaltung, a.W. 4-Stufen-Automatik	4-Stufen-Automatik	4-Stufen-Automatik	4-Stufen-Automatik
Hinterräder	Hinterräder	Hinterräder	Hinterräder	Hinterräder
selbsttragende Ganzstahlkarosserie	selbsttragende Ganzstahlkarosserie	selbsttragende Ganzstahlkarosserie	selbsttragende Ganzstahlkarosserie	selbsttragende Ganzstahlkarosserie
einzeln an Doppelquerlenkern mit Schraubenfedern und Drehstab-Stabilisator					
Schräglenkerachse mit Schraubenfedern und Drehstab-Stabilisator					
Kugelumlauf-Servolenkung					
205/65 VR 15	205/65 VR 15	205/65 VR 15	205/65 VR 15	215/65 VR 15
5020/1820/1437	5020/5160**/ 1820/1437/ 1441**	5020/5160**/4935* 1820/1828* 1437/1441**/1407*	5020/5160**/4935* 1820/1828* 1437/1441**/1407*	5020/5160**/4935* 1820/1828* 1442/1446**/1407*
1580	1580/1610**	1700/1730**/1620*	1770/1800**/1650*	1830/1860**/1760*
20.752	100.448/39.179**	13.815/70.935**/ 3461*	10.952/11.173**/ 6312*	1251/71.700**/ 26.791*
DM 59.400	DM 63.400	DM 78.200**/102.000*	DM 87.900**/108.000*	DM 127.400**/140.000*

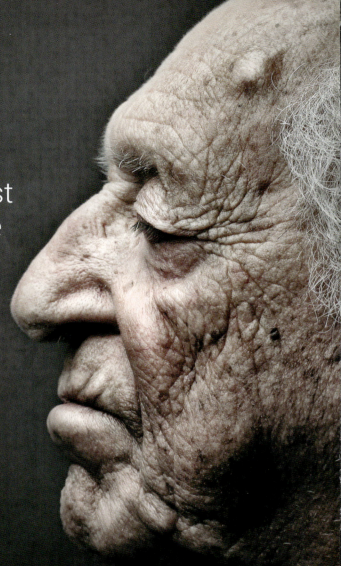

Alter erzählt Geschichten, Zeit hinterlässt Spuren, Werte wandeln sich.

**Nicht nur der Zustand ist für uns von Wert.
Wir betrachten auch die Historie.**

Classic Data – die Sachverständigenorganisation
für die Bewertung klassischer Fahrzeuge

www.classic-data.de

Classic Data Marktbeobachtung GmbH & Co. KG | Harpener Str. 56 | 44791 Bochum | Tel 0234 239590-0 | www.classic-data.de

Der Kontakt zur Oldtimer-Szene.

Oldtimer-Zeitschriften gibt es reichlich. Wenn aber ein Magazin seit über 30 Jahren die Nr. 1 ist, muss es schon etwas Besonderes bieten: Monat für Monat tausende von Kleinanzeigen, hunderte von Terminen, Tipps und Tricks aus der Praxis für die Praxis und jede Menge faszinierender Geschichten aus der Welt der Klassiker. OLDTIMER MARKT garantiert jeden Monat den besten Kontakt zur Szene. Mit Lust, Leidenschaft – und viel Liebe zum Detail.

Viele starke Seiten.

Wo Klassiker zu Hause sind.
Mercedes-Benz ClassicPartner.

Perfekter Service für Ihren Oldtimer/Youngtimer.

Service ein Leben lang – seit 1886.
Als Mercedes-Benz ClassicPartner erledigen wir für Sie:
- Reparaturen und Kundendienst für Old- und Youngtimer
- Beschaffung von Mercedes-Benz Original-Teilen und Gebraucht-Teilen für Oldtimer
- An- und Verkauf von Oldtimern und Youngtimern
- Teil- und Komplettrestaurierung

Mercedes-Benz
Das Beste oder nichts.

Autohaus Zittel Autorisierter Mercedes-Benz Verkauf, Service und Vermittlung
52249 Eschweiler | Rue de Wattrelos 8–10 | Telefon 02403 8702-0 | Fax 02403 8702-30
52477 Alsdorf | Linnicher Straße 203 | Telefon 02404 9433-0 | Fax 02404 9433-30
www.facebook.com/MercedesZittel | www.youtube.com → Mercedes-Benz Autohaus Zittel
www.mbzittel.de | info@mbzittel.de | www.mercedes-benz.de/classicpartner